W. Neuwirth · Wiener Werkstätte – Rosenmarke und Wortmarke / Rose Mark and Trade Name

REIHE: MARKEN UND MONOGRAMME DER WIENER WERKSTÄTTE
IN THE SERIES: THE MARKS AND MONOGRAMS OF THE WIENER WERKSTÄTTE

Waltraud Neuwirth

WIENER WERKSTÄTTE

DIE SCHUTZMARKEN
THE REGISTERED TRADE MARKS

Band I · Volume I

Rosenmarke und Wortmarke · Rose Mark and Trade Name

Selbstverlag Dr. Waltraud Neuwirth · Wien

1985

Dieser Katalog wurde vom Bundesministerium für Wissenschaft und Forschung mit einem Druck-kostenzuschuß gefördert

This catalogue has been printed with a grant from the Austrian Ministry of Sciences and Research

Fotonachweis / Photographic acknowledgements:

Dr. Waltraud Neuwirth: Abb./Figs. 4-11, 15-39, 42-102, 104- 106, 108-118, 121-123, 129-132, 135, 136, 139-141, 143, 144, 146, 147, 149, 156-173, 176-184, 187-235

Christie's Geneva: Abb./Figs. 12-14

Archiv Wiener Werkstätte, Österreichisches Museum für angewandte Kunst / Wiener Werkstätte archives, Austrian Museum of Applied Art: 1-3, 40, 41, 103, 107, 119, 120, 124-128, 133, 134, 137, 138, 142, 145, 148, 150-155, 174, 175, 185, 186

ISBN 3-900282-23-4 Selbstverlag Dr. Waltraud Neuwirth, Wien

Übersetzung ins Englische / English translation: Andrew Smith, Wien

Entwurf von Schutzumschlag und Einband / Dust jacket and cover designed by: Akad. Restaurator Prof. Mag. Oberrat Ludwig Neustifter, Wien
Schwarzweißlithographien / Black-and-white lithographs: Offset-Reproanstalt Manfred Steiner, Wien
Farblithographien / Colour lithographs: Dolezal Offsetreproduktionen, Wien
Satz / Typesetting: Ueberreuter, Wien
Druck / Printed by: Dellerfuhs Offsetdruck, Wien
Bindearbeit / Binding: Oberösterreichischer Landesverlag, Linz

INHALT

Abb. 1. Wiener Werkstätte (Wien VII, Neustiftgasse). – Ausschnitt aus einem zeitgenössischen Foto, vermutlich vor 1904 entstanden. – Foto Archiv WW, ÖMAK

Fig. 1: Wiener Werkstätte (Vienna VII, Neustiftgasse). – Detail from a contemporary photograph, probably taken prior to 1904. – Photograph Archiv WW, ÖMAK

CONTENTS

Abb. 2. Wiener Werkstätte (Wien VII, Neustiftgasse). – Zeitgenössisches Foto, vermutlich um 1904 entstanden. – Foto Archiv WW, ÖMAK

Fig. 2: Wiener Werkstätte (Vienna VII, Neustiftgasse). – Contemporary photograph, probably taken around 1904. – Photograph Archiv WW, ÖMAK

VORWORT

Seit einigen Jahren konzentrieren sich meine Forschungsarbeiten auf ein Spezialgebiet, dem bisher noch kaum die nötige Aufmerksamkeit geschenkt wurde: den Kennzeichen auf Wiener Werkstätte-Objekten.

Daß detaillierte Marken-Publikationen von allgemeinem Interesse sind, zeigten mir bereits frühere einschlägige Veröffentlichungen: das Buch „Meißener Marken", 1977 erstmals erschienen, erlebte bereits 1980 eine zweite Auflage; die Serie „Neuwirth Markenlexikon für Kunstgewerbe" (bisher drei Bändchen) erwies sich ebenso wie die „Meißener Marken" als sehr erfolgreich.

Die Kennzeichen der Wiener Werkstätte wurden bisher so stiefmütterlich behandelt, daß sich hartnäckig die Legende von der einen und einzigen Schutzmarke (der sogenannten Rosenmarke) hält. Katalogbeschreibungen enthalten immer wieder den Begriff Schutzmarke, womit die Rosenmarke gemeint ist. Schutzmarke (im Sinne von markenrechtlich registrierter Marke gebraucht) darf jedoch nicht als Synonym für Rosenmarke gesehen werden, da es noch zwei weitere registrierte Wiener Werkstätte-Marken gab – dies ging aus intensive Forschungen in zahlreichen Archiven und Bibliotheken hervor. Obwohl ich meine neuesten Erkenntnisse bereits im April 1984 in einem Vortrag über die Marken der Wiener Werkstätte darlegte und sie in meine 1984 erschienene Publikation „Wiener Werkstätte – Avantgarde, Art Déco, Industrial Design" aufnahm, hielten manche Autoren auch nachher noch an unrichtigen Markenbestimmungen fest. Umso wichtiger erscheint es mir daher, meine Spezialforschungen über die Kennzeichen der Wiener Werkstätte zu veröffentlichen.

Von besonderer Bedeutung sind dabei die Fragen der Markenregistrierung, -erneuerung, -löschung sowie der Übernahme von Wiener Werkstätte-Marken bzw. deren Neuanmeldung durch andere Firmen nach Auflösung der Wiener Werkstätte. Die komplizierte Struktur des Unternehmens „Wiener Werkstätte", das ja nicht allein Produzent, sondern auf vielen Gebieten auch Verleger und Auftraggeber für die Industrie bzw. für Heimarbeit war, kommt dabei zum Tragen. In diesem dichtmaschig geknüpften Netz ist die Kennzeichnung einer von vielen Anhaltspunkten zur genaueren Bestimmung eines Gegenstandes, wenn auch darauf hingewiesen werden muß, daß daneben viele andere Kriterien zu berücksichtigen sind.

Für ihre wertvolle Mithilfe an der vorliegenden Publikation danke ich meinen Kolleginnen und Kollegen vom Österreichischen Museum für angewandte Kunst, vor allem Herrn akad. Rest. Mag. Prof. Ludwig Neustifter, Geschäftsführender Direktor, und Frau Dr. Angela Völker, Leiter der Sammlung von Textilien und Teppichen.

Mein Dank für ihre Unterstützung gilt im besonderen auch allen nachstehend genannten Damen und Herren: Frau Inge Asenbaum, Galerie am Graben, Wien; Herrn Wolfgang Bauer, Galerie Belle Etage, Wien; Herrn Gerald Cejda, Hauptpunzierungsamt Wien; Herrn Hofrat Dipl. Ing. Gerhard Kudernatsch, Hauptpunzierungsamt Wien; Herrn Dr. Wolfgang Marinelli, Kammer der gewerblichen Wirtschaft für Wien; Herrn Dr. Ernst Ploil, Wien; Frau Sonja Reisch, Galerie in der Stallburggasse, Wien; Frau Senatsrat Dr. Hertha Wohlrab, Wiener Stadt- und Landesarchiv; Frau Christa Zetter, Galerie bei der Albertina, Wien.

In der Serie „Marken und Monogramme der Wiener Werkstätte" ist der vorliegende Band zwei Schutzmarken, der Rosenmarke und der Wortmarke, gewidmet. Ihm soll ein Band über das WW-Monogramm folgen; ferner ist ein Band über Wiener Werkstätte-Signets geplant. Vom Interesse des Publikums wird eine Fortsetzung der Serie abhängen.

Wien, im März 1985   Dr. Waltraud Neuwirth

FOREWORD

For some years now, my research has been concentrated on a specialized field which in the past has hardly received the attention it deserves: the marks on articles produced by the Wiener Werkstätte.

Earlier publications on the subject have already shown me that detailed books on marks are of general interest. The book "Meissener Marken" was first published in 1977, and a second edition was printed as early as 1980. The series "Neuwirth Markenlexikon für Kunstgewerbe" (three volumes to date) turned out to be every bit as successful as "Meissener Marken".

The marks of the Wiener Werkstätte have previously been so neglected that the legend of the one and only trade mark (the so-called Rose Mark) has persistently survived. Catalogue descriptions repeatedly use the term trade mark when referring to the Rose Mark. However, trade mark (in the sense of a legally registered mark) should not be regarded as a synonym for the Rose Mark, as two other registered Wiener Werkstätte marks were also used. This fact has come to light after intensive research in numerous archives and libraries. Although I presented my latest findings in April 1984 in a lecture on the marks of the Wiener Werkstätte, and included them in my book "Wiener Werkstätte – Avantgarde, Art Déco, Industrial Design" published in 1984, many authors still continued to use the incorrect designations for marks. This made it seem all the more important to me that I should publish my specialized research on the marks of the Wiener Werkstätte.

Of particular significance in this context are questions relating to the registration, renewal and cancellation of marks, and their reregistration by other firms after the winding-up of the Wiener Werkstätte. Here we become embroiled in the complicated structure of the "Wiener Werkstätte" enterprise, which was not only a producer, but also a commissioner of orders from industry and home workers. In this tightly knit network, marking is one of many clues that enable us to identify an article more closely, though it should not be forgotten that a number of other criteria must also be taken into consideration.

I am indebted to my colleagues at the Austrian Museum of Applied Art for their valuable assistance in the production of the present publication, and would particularly like to mention Professor Ludwig Neustifter, managing director, and Dr. Angela Völker, head of the collection of textiles and carpets. I should also like to express my thanks for the support offered by the following men and women: Inge Asenbaum, Galerie am Graben, Vienna; Wolfgang Bauer, Galerie Belle Etage, Vienna; Gerald Cejda, Main Assay Office, Vienna; Councellor Gerhard Kudernatsch, head of the Main Assay Office, Vienna; Dr. Wolfgang Marinelli, Chamber of Trade and Industry, Vienna; Dr. Ernst Ploil, Vienna; Sonja Reisch, Galerie in der Stallburggasse, Vienna; Dr. Hertha Wohlrab, Municipal and Provincial Archives of Vienna; Christa Zetter, Galerie bei der Albertina, Vienna.

In the series "The Marks and Monograms of the Wiener Werkstätte", the present volume is devoted to two registered trade marks: the Rose Mark and the registered trade name. I intend to follow this with a volume on the WW monogram and yet another work on the Wiener Werkstätte signets. However, the continuance of the series will depend on the interest shown by the public.

Vienna, March 1985   Dr. Waltraud Neuwirth

ABKÜRZUNGEN (QUELLEN UND AUSGEWÄHLTE BIBLIOGRAPHIE)

Archiv WW = Archiv der Wiener Werkstätte im Österreichischen Museum für angewandte Kunst, Wien

Archiv ÖMAK = Archiv des Österreichischen Museums für angewandte Kunst, Wien

Abel 1908 = Paul Abel, System des österreichischen Markenrechtes, Wien-Leipzig 1908

Adler-Schulz 1906 = Emanuel Adler und Paul Schulz, Der Schutz der Erfindungen, Marken und Muster in Österreich, 2. Auflage, Wien 1906 (Anhang: Veröffentlichungen aus den Jahren 1909-1913)

Ehmcke 1921 = F. H. Ehmcke, Wahrzeichen * Warenzeichen, Berlin-München 1921

Ehmcke 1925 = F. H. Ehmcke, Schrift. Ihre Gestaltung und Entwicklung in neuerer Zeit, Hannover 1925

HR = Handelsregister, Wien

MR = Marken-Register, Handelskammer Wien

Neuwirth, WW Avantgarde 1984 = Waltraud Neuwirth, Wiener Werkstätte – Avantgarde, Art Déco, Industrial Design, Wien 1984

ÖMA = Österreichischer Marken-Anzeiger, Wien o.J. (1950 ff.)

ÖMAK = Österreichisches Museum für angewandte Kunst, Wien

Reg.-Nr. = Register-Nummer (Markenregister)

WWAN = Zeitungsausschnitte Wiener Werkstätte im Archiv der Wiener Werkstätte, Österreichisches Museum für angewandte Kunst, Wien

WWMB = Kalkulationsbuch der Wiener Werkstätte im Archiv der Wiener Werkstätte, Österreichisches Museum für angewandte Kunst, Wien

ZMA = Zentral-Marken-Anzeiger für Österreich (bzw. Österreichischer Zentral-Marken-Anzeiger), Wien 1903 ff.

ABBREVIATIONS (SOURCES AND SELECTED BIBLIOGRAPHY)

Archiv WW = Archive of the Wiener Werkstätte at the Austrian Museum of Applied Art, Vienna

Archiv ÖMAK = Archive of the Austrian Museum of Applied Art, Vienna

Abel 1908 = Paul Abel, System des österreichischen Markenrechtes, Vienna-Leipzig 1908

Adler-Schulz 1906 = Emanuel Adler and Paul Schulz, Der Schutz der Erfindungen, Marken und Muster in Österreich, 2nd edition, Vienna 1906 (appendix: Veröffentlichungen aus den Jahren 1909-1913)

Ehmcke 1921 = F. H. Ehmcke, Wahrzeichen * Warenzeichen, Berlin-Munich 1921

Ehmcke 1925 = F. H. Ehmcke, Schrift. Ihre Gestaltung und Entwicklung in neuerer Zeit, Hannover 1925

Abb. 3. Supraporte aus den Räumen der Wiener Werkstätte (Wien VII, Neustiftgasse) mit Figuren von Richard Luksch zu seiten des WW-Monogramms. – Foto Archiv WW, ÖMAK
Fig. 3: Architrave from the premises of the Wiener Werkstätte (Vienna VII, Neustiftgasse) with figures by Richard Luksch beside the WW monogram. – Photograph Archiv WW, ÖMAK

HR = Handelsregister, Vienna

MR = Markenregister, Chamber of Commerce, Vienna

Neuwirth, WW Avantgarde 1984 = Waltraud Neuwirth, Wiener Werkstätte – Avantgarde, Art Déco, Industrial Design, Vienna 1984

ÖMA = Österreichischer Marken-Anzeiger, Vienna, undated (1950 et seq.)

ÖMAK = Austrian Museum of Applied Art, Vienna

Reg. no. = Serial number (Marken-Register)

WWAN = Wiener Werkstätte newspaper cuttings from the Archive of the Wiener Werkstätte, Austrian Museum of Applied Art, Vienna

WWMB = Wiener Werkstätte calculation book from the Archive of the Wiener Werkstätte, Austrian Museum of Applied Art, Vienna

ZMA = Zentral-Marken-Anzeiger für Österreich (or Österreichischer Zentral-Marken-Anzeiger), Vienna 1903 et seq.

DIE KENNZEICHEN DER WIENER WERKSTÄTTE

Im weitesten Sinn verstanden, umfassen die Kennzeichen der Wiener Werkstätte neben registrierten Marken und Punzen auch Firmensignets und Etiketten. Dazu kommen noch die Monogramme der entwerfenden Künstler und jene der ausführenden Handwerker.

Während das Erscheinungsbild von Schutzmarken (im Sinne von markenrechtlich registrierten Marken) und Punzen – geringfügige Abweichungen ausgenommen – von ihrer Entstehungszeit an bis zur Auflösung der Wiener Werkstätte gleich blieb und sich fallweise nur Größe und Proportionen je nach Erfordernis änderten, gab es viele Arten von Signets und Etiketten; in Verbindung mit Inserat- und Plakatentwürfen wurden aber auch das WW-Monogramm und die Worte Wiener Werkstätte von den verschiedensten Entwerfern meist sehr individuell gestaltet.

Welche Bedeutung die Wiener Werkstätte der Kennzeichnung beimaß, ist daraus zu ersehen, daß zur Zeit ihrer Gründung die wichtigsten Typen von Marken und Signets bereits vorlagen. Dies läßt sich anhand der ersten faßbaren Daten zur Gründungsgeschichte der Wiener Werkstätte dokumentieren (HR Gen VIII/124), in deren Räumlichkeiten Rosenmarke und WW-Monogramm schon sehr früh präsent waren (Abb. 1-3, S. 6, 8, 12).

Die ersten Statuten der Wiener Werkstätte sind mit 12. Mai 1903 datiert; am 22. Juni 1903 erfolgte die Registrierung der Rosenmarke, vermutlich etwa um dieselbe Zeit die Anmeldung des WW-Monogramms im Oval als Punze. Eine mit 18. 11. 1903 datierte Rechnung trägt – als vorgedrucktes Formular – das bekannte Firmensignet, das das WW-Monogramm mit den Worten WIENER WERKSTÄTTE kombiniert, und zweimal ist der Stempel WIENER WERK STÄTTE in Form eines dreizeiligen Schriftblocks vertreten (Abb. 4, S. 15).

Das sogenannte „Arbeitsprogramm" der Wiener Werkstätte, das 1905 in einer eigenen Publikation veröffentlicht wurde, enthält die beiden typischen Kennzeichen – Rosenmarke und WW-Monogramm – zweimal (Abb. 5, S. 16), wobei damals nur die Rosenmarke als registrierte Schutzmarke angesprochen wurde (die beiden anderen Marken – WW-Monogramm und Wortmarke – wurden ja erst später registriert). Rosenmarke und WW-Monogramm waren, wie bereits erwähnt, auch als Symbole in die Gestaltung der Wiener Werkstätte-Räume in der Neustiftgasse in Wien einbezogen: das WW-Monogramm als Relief über der Türe (Abb. 2, S. 8) – in einem offenbar etwas später zu datierenden Foto treten aus den beiden hochrechteckigen Feldern zwei Figuren von Richard Luksch (Abb. 3, S. 12) – und die Rosenmarke in Metall als Schmuck des Kamins (Abb. 1, S. 6) spiegelbildlich verdoppelt.

Identifizierbare und datierbare Gegenständen in diesen Räumen (vgl. Neuwirth, WW Avantgarde 1984, S. 47) lassen darauf schließen, daß keines der Fotos vor 1904 entstanden sein kann. Die meisten der abgebildeten Metallobjekte waren 1903 oder 1904 entworfen worden. An dieser Stelle scheint es mir wichtig, darauf hinzuweisen, daß manche Unterschriften unter den Fotos im Archiv der Wiener Werkstätte irreführend sind – viele von späterer Hand stammten und vor allem in den Jahresangaben nicht immer völlig korrekt (so ist die Datierung einiger Innenraumfotos von Wiener-Werkstätte-Schauräumen ins Jahr 1903 widerlegbar, da manche der dort abgebildeten Objekte nachweislich erst nach 1903 entstanden sind).

Ein weiteres, wenngleich undatiertes Dokument der Frühzeit liegt in Form eines Stanzenbuches aus der Buchbinderei der Wiener Werkstätte (Abb. 8, 9, S. 21) vor. Es enthält nicht nur Abdrücke der für die Buchbinderarbeit benötigten Stanzen, sondern beweist darüber hinaus auch, daß die Wiener Werkstätte bereits zur Zeit ihrer Gründung eine völlig neue Typographie entwickelt hatte. Diese Typographie ist im Vergleich zu allem Vorhergegangenen auf diesem Gebiet ebenso kühn und revolutionär wie die bereits erwähnten Marken und Signets, von denen Rosenmarke und WW-Monogramm in unterschiedlichen Größen bzw. Proportionen im Stanzenbuch wiedergegeben sind.

DIE WIENER WERKSTÄTTE-MARKEN UND IHRE ENTWERFER

Für die Marken und Signets der Wiener Werkstätte konnten bisher im Archiv der Wiener Werkstätte keine Hinweise auf die Urheber gefunden werden. Die einzigen zeitgenössischen publizierten Zuschreibungen dürften in den Werken von F. H. Ehmcke enthalten sein. Dort wird Josef Hoffmann als Schöpfer der Rosenmarke genannt (Ehmcke 1921, S. 32), hingegen das WW-Monogramm und ein Firmensignet der Wiener Werkstätte (Ehmcke 1921, S. 32, bzw. Ehmcke 1925, S. 21) mit Kolo Moser in Verbindung gebracht.
Die Typographie der Wiener Werkstätte soll in einer anderen Publikation untersucht werden, doch sei vorweggenommen, daß die Autorschaft Mosers für die Schrift-Marken bzw. -Signets und jene Hoffmanns für die Rosenmarke sehr wahrscheinlich ist. Ehmcke verweist in diesem Zusammenhang auf Mackintosh: „Wie seine ganz auf historische Überlieferung verzichtenden, streng sachlich konstruierten, nur durch Materialschönheit wirkenden, im übrigen schmucklosen Bauten wohl auf die Wiener Architektur des Hoffmannkreises einen bestimmenden Einfluß ausübten, so fanden seine Schriftanregungen ebenfalls in Wien einen guten Boden. Das beweisen die allerlei dekorativen Experimente, die man als ‚wienerisch' zu bezeichnen pflegt. Als ein Beispiel für viele gelte die Marke der Wiener Werkstätte." (Ehmcke 1925, S. 21-22). Jedoch gerade die Gegenüberstellung von Mackintoshs Schriftgeviert und dem Signet-Block Kolo Mosers zeigt grundsätzliche Verschiedenheiten, die in Mackintoshs Schrift einen dekorativen Faktor erkennen lassen, den die strenge Struktur der klar gerahmten und gegliederten Signets von Kolo Moser fast kontrapunktiert. Als Non plus ultra größtmöglicher Reduktion ist das WW-Monogramm gestaltet. Demgegenüber wirkt das bildhafte Zeichen der Rosenmarke als stilisierte Blüte wesentlich dekorativer.

KENNZEICHEN ALS DATIERUNGSHILFE – EINE ARBEITSTHEORIE

Im folgenden versuche ich, das Résumé aus meinen Forschungen ziehend, Kennzeichen als Datierungshilfe einzusetzen. Es sei ausdrücklich betont, daß es sich dabei um eine Arbeitstheorie handelt. Anspruch auf Allgemeingültigkeit kann und will ich nicht erheben, jedoch ein Gerüst erarbeiten, das die Grundlage für die zeitliche Einordnung von Wiener Werkstätte-Objekten bilden soll.
Hinsichtlich der Kennzeichnung von kunsthandwerklichen Objekten kann man ein Gefälle beobachten, das bis auf relativ wenige Ausnahmen auch für die Wiener Werkstätte Gültigkeit hat: Objekte aus Edelmetall sind in der Regel am besten gekennzeichnet, dann folgen solche aus unedlen Metallen; nach den Keramiken sind Gläser, Bucheinbände und Lederarbeiten zu nennen. Textilien und Möbel bilden das Ende dieser Skala.
Die zahlreichen Entwürfe und Werkzeichnungen der Wiener Werkstätte im Österreichischen Museum für angewandte Kunst sind auf vielerlei Weise bezeichnet: manche tragen Wiener Werkstätte–Marken (Rosenmarke, WW-Monogramm) als Stempel, sehr häufig kommen Signets vor, die auch in verschiedenen Archivstempeln enthalten sind.

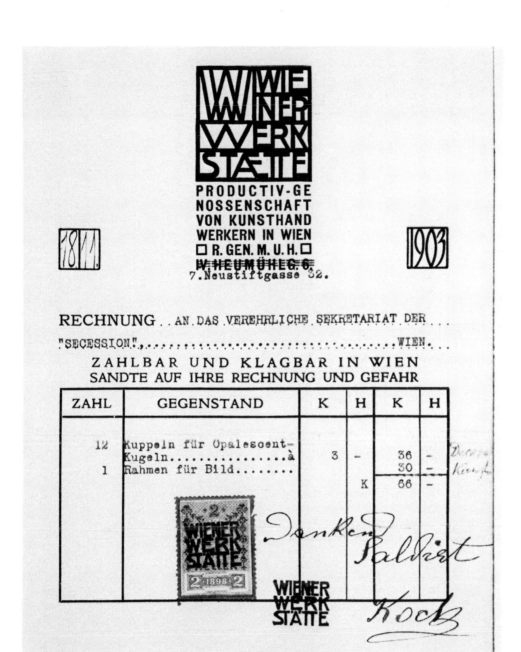

Abb. 4. Rechnung der Wiener Werkstätte, datiert 18. 11. 1903, auf einem älteren Formulardruck. – ÖMAK, Archiv WW

Fig. 4: Wiener Werkstätte invoice dated 18th November 1903 on an old printed form. – Photograph Archiv WW, ÖMAK

JEDER GEGENSTAND AUS DER WIENER
WERKSTÄTTE TRÄGT

DIE REGISTRIERTE SCHUTZ
MARKE

DAS MONOGRAMM
DER WIENER WERKSTÄTTE

DAS MONOGRAMM DES
ENTWERFERS U. DAS MO
NOGRAMM DES ARBEITERS.
ZEIGT EIN GEGENSTAND EIN MONOGRAMM
ZWEIMAL, SO WURDE ER VON DERSELBEN
HAND ENTWORFEN UND AUSGEFÜHRT

Abb. 5. Rosenmarke und WW-Monogramm aus dem „Arbeitsprogramm" der Wiener Werkstätte, Wien 1905

Fig. 5: Rose Mark and WW monogram from the manifesto of the
Wiener Werkstätte, Vienna 1905

Gestempelte Werknummern und Künstlermonogramme sind auf Entwürfen und Werkzeichnungen ebenfalls häufig zu finden (Abb. 6, 7; S. 18, 19); manchmal tragen diese allerdings nur ein Künstlermonogramm (Abb. 20, 21; S. 34, 35) oder einen Vidierungsvermerk, der manchmal irrtümlich als Monogramm des Entwerfers gedeutet wird.

Die folgenden Kapitel vorwegnehmend, seien aus ihnen nachstehende Schlußfolgerungen gezogen:

ROSENMARKE UND WW-MONOGRAMM IM HOCHOVAL – 1903 BIS 1905

Alle bisher untersuchten Metallobjekte (Originale oder Fotos im Archiv der Wiener Werkstätte) mit der oben genannten Markenkombination können in die ersten Jahre der Wiener Werkstätte datiert werden; unterstützt wird diese Annahme durch die Tatsache, daß alle diese Objekte entweder von Josef Hoffmann oder von Kolo Moser entworfen wurden, keines von später für die Wiener Werkstätte arbeitenden Künstlern. So fand ich bisher keinen so bezeichneten Gegenstand nach Entwurf von Carl Otto Czeschka.

HANDWERKER-KENNZEICHEN IM ARBEITSPROGRAMM VON 1905

Einige Seiten aus dem Arbeitsprogramm der Wiener Werkstätte (1905) stellen eine wertvolle Dokumentation in bezug auf Handwerker-Kennzeichen dar. Der Text dieses Arbeitsprogramms war auch in der Zeitschrift Hohe Warte (I. Jahrgang 1904-5, S. 268) publiziert worden; darin sind die Handwerker-Zeichen allerdings nicht enthalten. Erst eine Broschüre, die – ohne Monatsangabe – in das Jahr 1905 datiert ist, bildet die damals einzige Schutzmarke (die Rosenmarke), das WW-Monogramm sowie Künstler- und Handwerker-Kennzeichen ab.

Die letztgenannten sind in meinem Buch „Wiener Werkstätte – Avantgarde, Art Déco, Industrial Design" (Wien 1984, S. 23–24) wiedergegeben. Handwerker-Kennzeichen, die im Arbeitsprogramm nicht vorkommen, sind daher später anzusetzen – nicht vollständig auszuschließen ist allerdings, daß einzelne Handwerker kurzfristig vor 1905 für die Wiener Werkstätte tätig waren und noch vor Veröffentlichung des Arbeitsprogramms aus dem Unternehmen ausschieden, daher 1905 nicht aufscheinen.

DIE ROSENMARKE UND DAS HOHE WW-MONOGRAMM OHNE UMRAHMUNG – UM 1904/05

Auf der Metalltafel des Hauptpunzierungsamtes (Abb. 156, S. 147) ist gleich rechts neben dem WW-Monogramm im Hochoval ein WW-Monogramm eingeschlagen worden, das durch seine schmale Form charakterisiert ist. Marken dieser Art sind auf Objekten, die etwa 1904/05 zu datieren sind, zu finden (Abb. 197, 198; S. 176, Abb. 205, S. 180), also in unmittelbarer zeitlicher Nähe zum WW-Monogramm im Hochoval. Die schmale Form kam ohne Zweifel der Verwendung auf Gittergefäßen (Abb. 197, 198; S. 176) sehr entgegen, doch wurde sie nicht ausschließlich auf diesen angebracht (Abb. 205, S. 180). Es bleibt zu überprüfen, inwieweit dieses schmale WW-Monogramm nur in einer kurzen Zeitspanne verwendet wurde; auf keinem der Objekte von Carl Otto Czeschka, der bekanntlich ab 1905 für die Wiener Werkstätte tätig war, konnte ich diese Art des WW-Monogramms finden.

OBJEKTE MIT DEM COC-MONOGRAMM – NACH 1905

Mit dem Beginn der Tätigkeit von Carl Otto Czeschka für die Wiener Werkstätte um 1905 ist ein terminus post quem gegeben; die mit dem COC-Monogramm versehenen Metallobjekte sind daher charakteristisch für die Zeit ab 1905. Sie zeigen ein WW-Monogramm, das etwas breiter als das vorhin genannte ist (Abb. 211, S. 183). Das Silber-

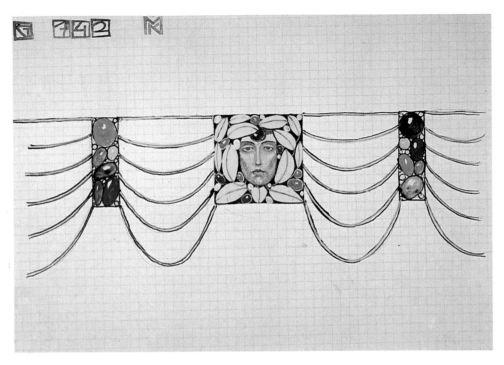

Abb. 6. Kolo Moser, Entwurf für ein Kollier (Werknummer G 742), um 1907 (WWMB 65, S. 742); Mittelmotiv 5,1 × 5,1 cm. – ÖMAK, Inv. K.I. 12575/5

Fig. 6: Kolo Moser, design for a necklace (serial number G 742), around 1907 (WWMB 65, p. 742); central motif 5.1 × 5.1 cm. – ÖMAK, Inv. K.I. 12575/5

schmiedezeichen KT im Kreis (Abb. 212, S. 184) unterstützt eine weiter oben geäußerte Annahme – das KT kommt im Arbeitsprogramm von 1905 nicht vor, ist daher das Zeichen eines später eingetretenen Handwerkers und bis heute leider nicht zu identifizieren gewesen.

ANKÄUFE VON DER WIENER KUNSTSCHAU 1908

Einige Metallobjekte der Wiener Werkstätte erwarb das Österreichische Museum für angewandte Kunst von der Wiener Kunstschau – sie sind daher vor 1908 datierbar (Abb. 206-211, S. 181-183). Drei dieser Gegenstände sind von Hoffmann bzw. Czeschka entworfen und sehr ähnlich gekennzeichnet: mit Künstler- und Handwerkermonogramm, Wiener Feingehaltspunze, WW-Monogramm und jener kleinen Rosenmarke, die schon in Verbindung mit dem schmalen WW-Monogramm zu finden war.

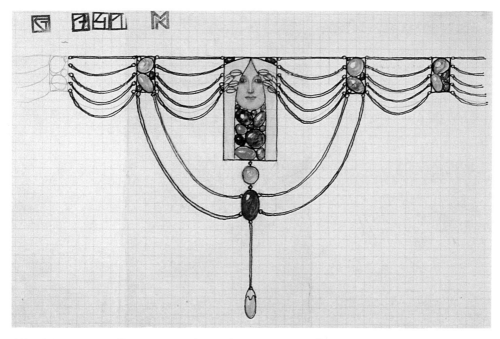

Abb. 7. Kolo Moser, Entwurf für ein Kollier (Werknummer G 741), um 1907 (WWMB 65, S. 741); Länge 15,1 cm. – ÖMAK, Inv. K.I. 12575/3

Fig. 7: Kolo Moser, design for a necklace (serial number G 741), around 1907 (WWMB 65, p. 741); length 15.1 cm. – ÖMAK, Inv. K.I. 12575/3

ANKAUF FEBRUAR 1911

Als terminus ante quem ist das Inventarisierungsdatum 21. 2. 1911 für ein Czeschka-Teeglas (Abb. 212-214, S. 184-185) mit Silbermontierung und Silberuntersatz zu werten. Die Inventarisierung stimmt mit den Kalkulationsdaten 1909-1910 überein. Charakteristisch ist – auf der Untertasse (Abb. 213, S. 184) – die aus zwei Worten bestehende Bezeichnung WIENER WERKSTÄTTE, die auch auf anderen Objekten dieser Zeit vorkommt (der Oberteil ist stattdessen mit dem Signet WIENER WERK STÄTTE im Block versehen).

DAS SIGNET WIENER WERK STÄTTE IM BLOCK, AB 1909/10

Relativ selten findet sich auf Metallobjekten ein außergewöhnlich großes Signet WIENER WERK STÄTTE eingestempelt (Abb. 236-238; S. 204-205). Die weiteren Kennzeichen erscheinen demgegenüber klein. Zwei vergleichbare Aufsätze, einer in Privatbesitz und einer im Besitz des Österreichischen Museums für angewandte Kunst, sind mit diesem großen Signet versehen; sie unterscheiden sich voneinander durch die einmal vorhandene, einmal fehlende Bodenplatte. Auch die mit dem kleinen Signet bezeichneten Objekte sind ab etwa 1909/10 entstanden (Abb. 240 ff., S. 206 ff.).

KOMBINATION GROSSE ROSENMARKE, SIGNET WIENER WERK STÄTTE, KÜNSTLERMONOGRAMM, UM 1909/10

Diese Kombination (Abb. 244-266, S. 210-223) konzentriert sich auf die Jahre 1909/10. Auffallend ist das Fehlen der Handwerker-Monogramme.

HANDWERKER-MONOGRAMME: SELTEN NACH 1910

Handwerker-Monogramme sind bis etwa 1910 nachweisbar und kommen später offenbar nur in Ausnahmefällen vor, wie etwa bei dem Polo-Pokal von 1930 (Abb. 234, S. 200), der aber sicher eine Sonderanfertigung darstellt.

MADE IN AUSTRIA – NACH 1918

Auf keinem der bisher untersuchten Objekte konnte ich das dreizeilige, fast quadratisch gerahmte MADE IN AUSTRIA vor 1918 entdecken, sodaß eine Datierung von Wiener Werkstätte-Gegenständen mit diesem eingeschlagenen Zeichen nach dem Ersten Weltkrieg wahrscheinlich ist.

NEUES PUNZIERUNGSGESETZ: AB 1923 ANDERE PUNZENBILDER

Bei Objekten aus Edelmetall gibt es eine weitere Datierungshilfe, nämlich das Punzierungsgesetz von 1922, da es neue Punzenbilder vorschrieb (zusammengefaßt in: Waltraud Neuwirth, Lexikon Wiener Gold- und Silberschmiede und ihre Punzen, Wien 1976/77). Als Anhaltspunkt diene das Wiener Kontrollamtszeichen, das die Punzenbilder enthalten: vor 1923 ein A, nach 1923 ein W.

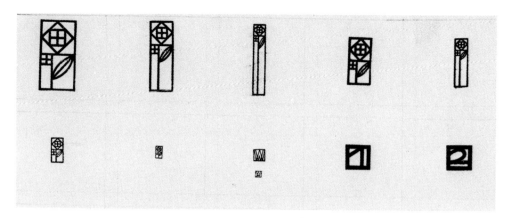

Abb. 8. Verschiedene Typen der Rosenmarke bzw. des WW-Monogramms, Abdrucke von Stanzen aus einem Band der Buchbinderei der Wiener Werkstätte. – ÖMAK, Archiv WW

Fig. 8: Various types of Rose Mark and WW monograms, punches reproduced from a volume of the Wiener Werkstätte bookbinding department. – ÖMAK, Archiv WW

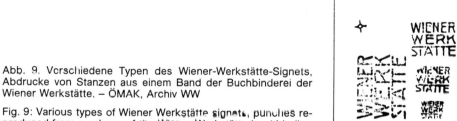

Abb. 9. Verschiedene Typen des Wiener-Werkstätte-Signets, Abdrucke von Stanzen aus einem Band der Buchbinderei der Wiener Werkstätte. – ÖMAK, Archiv WW

Fig. 9: Various types of Wiener Werkstätte signets, punches reproduced from a volume of the Wiener Werkstätte bookbinding department. – ÖMAK, Archiv WW

SEETANG
3 S 1
ENTWURF VON
A. ZOVETTI
BREITE 90 cm
PREIS K

SEETANG
4 S 1
ENTWURF VON
A. ZOVETTI
BREITE 90 cm
PREIS K

WIENER WERKSTÄTTE

Abb. 10

LEOPARD
1 S 1
ENTWURF VON
ARCH. E. WIMMER
BREITE 90 cm
PREIS K 12.80

Abb. 11. Eduard Josef Wimmer, Stoffmuster „Leopard", 9,8 × 10,5 cm, aus: Katalog „Wiener Werkstätte Pongis handbedruckt", Taf. 59. – ÖMAK, Inv. T 10624

Fig. 11: Eduard Josef Wimmer, "Leopard" fabric pattern, 9.8 × 10.5 cm, from: catalogue "Wiener Werkstätte Pongis handbedruckt", plate 59. – ÖMAK, Inv. T 10624

Abb. 10. Ugo Zovetti, Stoffmuster „Seetang", 9,6 × 10,3 cm, aus: Katalog „Wiener Werkstatte Pongis handbedruckt", Taf. 134. – ÖMAK, Inv. T 10624

Fig. 10: Ugo Zovetti, "Seetang" fabric pattern, 9.6 × 10.3 cm, from: catalogue "Wiener Werkstätte Pongis handbedruckt", plate 134. – ÖMAK, Inv. T 10624

THE MARKS OF THE WIENER WERKSTÄTTE

The marks of the Wiener Werkstätte, in the widest sense of the word, include not only registered trademarks and hallmarks, but also company signets and labels. To these can be added the monograms of the artists who designed the work and the craftsmen who made it.

With slight exceptions, the appearance of these trademarks (meaning legally registered trademarks) and hallmarks remained the same from the time they came into being until the winding-up of the Wiener Werkstätte. Only their size and proportions were changed to suit requirements. However, there were many different types of signets and labels. What is more, the WW monogram and the words "Wiener Werkstätte" were usually very individually designed by the various artists who produced drafts for advertisements and posters.

The importance which the Wiener Werkstätte attached to marking is evident from the fact that the most important types of marks and signets already existed when it was founded. This is documented by the first recorded dates in the history of the Wiener Werkstätte (HR Gen VIII/124). The Rose Mark and WW monogram were also used from a very early date (Figs. 1-3, pp. 6, 8, 12).

The first statutes of the Wiener Werkstätte are dated 12th May 1903. The Rose Mark was registered on 22nd June 1903, and the hallmark of the WW monogram in an oval was probably entered at about the same time. A printed invoice dated 18th November 1903 bears the familiar company signet which combines the WW monogram with the words WIENER WERKSTÄTTE, and the stamp WIENER WERK STÄTTE appears twice in the form of a three-line text block (Fig. 4, p. 15).

The so-called "Arbeitsprogramm" (manifesto) of the Wiener Werkstätte, which appeared as a separate publication in 1905, contains both typical marks – the Rose Mark and the WW monogram – twice (Fig. 5, p. 16). However, at that time only the Rose Mark was referred to as a registered trade mark (the two other marks – the WW monogram and the trade name – were registered only at a later date. As mentioned above, the Rose Mark and the WW monogram were also incorporated as symbols in the design of the Wiener Werkstätte premises on Neustiftgasse in Vienna. The WW monogram appears as a relief above the doors (Fig. 2, p. 8). In another photograph apparently taken somewhat later, two figures by Richard Luksch project from the two oblong fields (Fig. 3, p. 12). A dual Rose Mark in metal, the one the mirror image of the other, adorns the fireplace (Fig. 1, p. 6).

Articles in these rooms that can still be identified and dated (cf. Neuwirth, WW Avantgarde 1984, p. 47) indicate that none of these photographs can have been taken before 1904. Most of the metal objects depicted were designed in 1903 or 1904.

At this point I think it important to point out that some of the captions under the photographs in the archive of the Wiener Werkstätte are misleading. Many were added at a later date, and above all the years given are not always completely accurate. For example, the dating of several photographs of the interior of the Wiener Werkstätte showrooms as 1903 is refutable, as it can be proved that many of the objects illustrated were only produced after 1903.

Further documentation of this early time, though undated, survives in the form of a book of punches from the Wiener Werkstätte's bookbinding department (Figs. 8, 9, p. 21). Not only does it contain imprints of the punches required for bookbinding, it also proves that the Wiener Werkstätte had developed a completely new typography when it was founded. Compared to all the previous developments in this field, this typography was just as daring and revolutionary as the marks and signets already mentioned. Of these, the Rose Mark and the WW monogram are reproduced in various sizes and with different proportions in the book of punches.

THE WIENER WERKSTÄTTE MARKS AND THEIR DESIGNERS

So far the archives of the Wiener Werkstätte have not yielded any indication of the originators of the marks and signets of the Wiener Werkstätte. The only contemporary references are contained in the works of F. H. Ehmcke, who refers to Josef Hoffmann as the creator of the Rose Mark (Ehmcke 1921, p. 32). However, he mentions Kolo Moser in connection with the WW monogram and a signet of the Wiener Werkstätte (Ehmcke 1921, p. 32, and Ehmcke 1925, p. 21).

The typography of the Wiener Werkstätte will be investigated in another publication, but it is very probable that Moser was the author of the trade names and signets, and Hoffmann the author of the Rose Mark. In this connection Ehmcke refers to Mackintosh, who, "dispensing entirely with historical tradition, produced strictly functionally designed buildings, achieving effect through beautiful materials rather than decoration. In the same way as Mackintosh's work had a decisive effect on the Viennese architecture of Hoffmann's group, his typographical ideas also fell on fertile ground in Vienna. This is proved by all kinds of decorative experiments commonly referred to as 'Viennese'. The mark of the Wiener Werkstätte is just one example of many."

Nevertheless, a comparison of Mackintosh's lettering with Kolo Moser's signet block shows up fundamental differences, which in Mackintosh's typeface reveal a decorative factor almost counterpointed by the rigid structure of Kolo Moser's clearly framed and arranged signet. The WW monogram is designed as the non plus ultra in maximum reduction. The graphic symbol of the Rose Mark in the form of a stylized flower seems considerably more decorative by comparison.

THE MARKS AS AN AID TO DATING – A WORKING THEORY

In the following I shall attempt to apply marks as an aid to dating, drawing on my researches to do so. I should expressly like to emphasize that this is a working theory. I neither can nor want to claim that it is generally valid, but I set out to develop a framework which may form the basis for a chronological classification of articles produced by the Wiener Werkstätte.

As far as the marking of handicraft products is concerned, there is a general trend which, with comparatively few exceptions, also applies to the Wiener Werkstätte: articles of precious metals are normally best marked, followed by objects of base metals; ceramics are followed by glassware, bookbindings and leatherwork. Textiles and furniture come at the end of this scale.

The numerous designs and working drawings of the Wiener Werkstätte in the Austrian Museum of Applied Art are marked in many different ways. Some of them bear Wiener Werkstätte marks (Rose Mark, WW monogram) in the form of a stamp, and one very often encounters signets which are also contained in the various archive stamps.

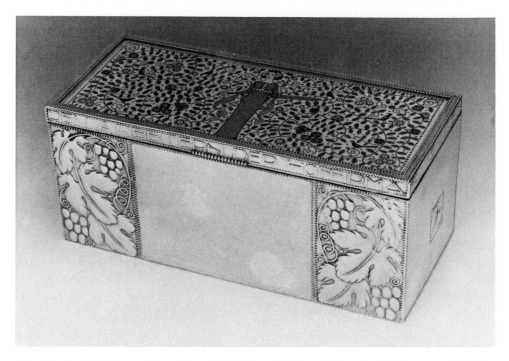

Abb. 12. Josef Hoffmann (Kassette) und Carl Krenek (Malerei), Kassette (Werknummer S 2013); Silber mit Malerei auf Pergament; kalkuliert 1910 (WWMB 13, S. 2013); Länge: 26,6 cm. – Christie's Geneva, 12. 5. 1985 (Art Nouveau, Art Deco and Bookbindings), Nr. 195

Fig. 12: Josef Hoffmann (casket) and Carl Krenek (painting), casket (serial number S 2013); silver with painting on parchment; calculated 1910 (WWMB 13, p. 2013); length: 26.6 cm. – Christie's Geneva, 12th May 1985 (Art Nouveau, Art Deco and Bookbindings), no. 195

Abb. 13. Kennzeichnung der Kassette Abb. 12: Monogramm MA (= Alfred Mayer), Rosenmarke, Monogramm JH (= Josef Hoffmann), Dianakopf im Sechseck, WIENER WERKSTÄTTE

Fig. 13: Marking of the casket in Fig. 12: monogram MA (= Alfred Mayer), Rose Mark, monogram JH (= Josef Hoffmann), Diana's head in hexagon, WIENER WERKSTÄTTE

Abb. 14. Carl Krenek, Malerei auf Pergament, Deckel der Kassette Abb. 12

Fig. 14: Carl Krenek, painting on parchment, lid of casket in Fig. 12

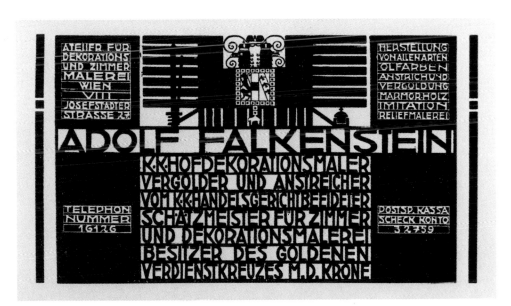

Abb. 15. Inserat der Firma Adolf Falkenstein, in: XLIV. Ausstellung der Vereinigung bildender Künstler Österreichs, Secession, Wien 1913

Fig. 15: Advertisement by Adolf Falkenstein company, in: 44th Exhibition of the Austrian Federation of Fine Artists, Secession, Vienna 1913

Stamped serial numbers and artists's monograms can also be found frequently on the designs and working drawings (Figs. 6, 7, pp. 18, 19). However, time and time again one finds only the artist's monogram (Figs. 20, 21, pp. 34, 35) or a set of initials which has sometimes been mistakenly interpreted as the designer's monogram.

Though this anticipates the ensuing chapters, the following conclusions can be drawn from them.

THE ROSE MARK AND THE WW MONOGRAM IN AN OVAL: 1903-1905

All the metal objects investigated so far (originals or photographs in the archive of the Wiener Werkstätte) with the above-mentioned combination of marks can be dated to the early years of the Wiener Werkstätte. This assumption is corroborated by the fact that all these objects were designed either by Josef Hoffmann or by Kolo Moser, none of them by artists who subsequently worked for the Wiener Werkstätte. Thus, for example, I have not so far found any articles marked in this way to designs by Carl Otto Czeschka.

CRAFTSMEN'S MARKS IN THE MANIFESTO OF 1905

Several pages of the manifesto of the Wiener Werkstätte (1905) represent valuable documentation of craftsmen's marks. The text of this manifesto was also published in the journal "Hohe Warte" (volume I, 1904-5, p. 268), though it did not contain the craftsmen's marks themselves. It is only in a brochure dated 1905 – no month is specified – that the only registered trade mark at that time (the Rose Mark), the WW monogram and artist's and craftsmen's marks are illustrated.

The latter are reproduced in my book "Wiener Werkstätte – Avantgarde, Art Déco, Industrial Design" (Vienna 1984, pp. 23-24). Craftsmen's marks not found in the manifesto can therefore be dated later – though the possibility cannot be completely ruled out that individual craftsmen are not listed in 1905 because they worked for the Wiener Werkstätte briefly prior to 1905, leaving the enterprise before publication of the manifesto.

THE ROSE MARK AND THE NARROW WW MONOGRAM WITHOUT A FRAME – AROUND 1904/5

On the metal plate of the Main Assay Office (Fig. 156, p. 147) a WW monogram characterized by its narrow shape is imprinted immediately to the right of the WW monogram in an oval. Marks of this kind can be found on objects which can be dated to around 1904/5 (Figs. 197, 198, p. 176, Fig. 205, p. 180). In other words, it is very close in time to the WW monogram in an oval. The narrow shape was without doubt well suited for use on perforated metal vessels (Figs. 197, 198, p. 176), but it was not used exclusively for them (Fig. 205, p. 180). Further investigations may reveal to what extent this narrow WW monogram was used only for a brief period of time. I have not been able to find this type of WW monogram on any of the works of Carl Otto Czeschka, who we know worked for the Wiener Werkstätte from 1905 onwards.

OBJECTS WITH THE COC MONOGRAM – AFTER 1905

The beginning of Carl Otto Czeschka's employment with the Wiener Werkstätte around 1905 gives us a terminus post quem. The metal objects with the COC monogram are therefore characteristic of the time from 1905 onwards. They have a WW monogram which is a little wider than the previous one (Fig. 211, p. 183). The silversmith's mark KT in a circle (Fig. 212, p. 184) corroborates a further assumption made above – KT does not occur in the manifesto of 1905, and is therefore the mark of a craftsman who joined the studio at a later date, and who to this day has unfortunately not been identified.

PURCHASES FROM THE 1908 VIENNA ART SHOW

The Austrian Museum of Applied Art acquired several metal objects by the Wiener Werkstätte from the Vienna Art Show – they can therefore be dated before 1908 (Figs. 206-211, pp. 181-183). Three of these objects were designed by Hoffmann and Czeschka and very similarly marked: with artists' and craftsmen's monograms and the small Rose Mark already found in combination with the narrow WW monogram.

PURCHASE FEBRUARY 1911

The inventory date 21st February 1911 gives us a terminus ante quem for a Czeschka tea glass (Figs. 212-214, pp. 184-185) with a silver mounting and silver saucer. The inventory matches the calculation data of 1909-1910. A characteristic feature – on the saucer (Fig. 213, p. 184) – is the use of the two words WIENER WERKSTÄTTE, which are also found on other objects from this time (the upper part bears instead the WIENER WERK STÄTTE signet in a block).

THE WIENER WERK STÄTTE SIGNET IN A BLOCK, FROM 1909/10

Fairly seldom, we find an unusually large WIENER WERK STÄTTE signet on metal objects (Figs. 236-238, pp. 204-205). The other marks appear small by comparison. Two similar pieces, one in a private collection and the other in the possession of the Austrian Museum of Applied Art, are imprinted with this large signet. They differ from one another in that one has a base and the other not. Articles marked with the small signet were also produced from around 1909/10 onwards (Figs. 240 et seq., pp. 206 et seq.).

COMBINATION OF THE LARGE ROSE MARK, THE WIENER WERK STÄTTE SIGNET AND ARTISTS' MONOGRAMS, AROUND 1909/10

This combination (Figs. 244-266, pp. 210-223) is concentrated on the years 1909/10. Craftsmen's monograms are conspicuously absent.

CRAFTSMEN'S MONOGRAMS: SELDOM AFTER 1910

Craftsmen's monograms can be found until around 1910, and are later encountered apparently only in exceptional cases such as the polo cup of 1930 (Fig. 234, p. 200), which, however, was certainly a special production.

MADE IN AUSTRIA – AFTER 1918

On none of the objects which I have examined so far have I been able to discover the three lines MADE IN AUSTRIA in an almost square frame before 1918. It is therefore very probable that objects by the Wiener Werkstätte bearing this mark date from after the First World War.

NEW HALLMARKING LAW: DIFFERENT HALLMARKS FROM 1923 ON

There is a further aid to dating objects of precious metals, and that is the hallmarking law of 1922, which prescribed new hallmarks (summarised in: Waltraud Neuwirth, Lexikon Wiener Gold- und Silberschmiede und ihre Punzen, Vienna 1976/77). The marks of the Viennese control board which form part of the hallmarks also serve as an indication: an A prior to 1923 and a W thereafter.

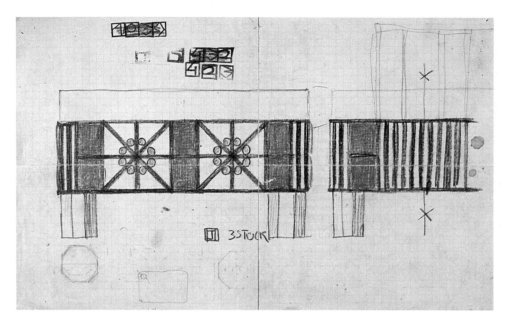

Abb. 16. Josef Hoffmann, Entwurf für einen Aufsatz (Werknummer S 423); Silber, Malachite, Korallen, Glas; kalkuliert 1905-1906 (WWMB 2, S. 1039); Breite 17,7 cm. – ÖMAK, Inv. K.I. 12006/20

Fig. 16: Josef Hoffmann, design for a centre-piece (serial number S 423); silver, malachite, coral, glass; calculated 1905-1906 (WWMB 2, p. 1039); width 17.7 cm. – ÖMAK, Inv. K.I. 12006/20

Abb. 17. Josef Hoffmann, Entwurf für einen Aufsatz (Werknummer S 1088); Silber, Malachite, Korallen; kalkuliert 1908 (WWMB 10, S. 1088); Breite 20 cm. – ÖMAK, Inv. K.I. 12006/44

Fig. 17: Josef Hoffmann, design for a centre-piece (serial number S 1088); silver, malachite, coral; calculated 1908 (WWMB 10, p. 1088); width 20 cm. – ÖMAK, Inv. K.I. 12006/44

Abb. 18. Josef Hoffmann, Entwurf für einen Essig-Öl-Ständer (Werknummer S 1489); Silber, Malachite, Korallen, Glas; kalkuliert 1909 (WWMB 11, S. 1489); Breite 19 cm. – ÖMAK, Inv. K.I. 12027/10

Fig. 18: Josef Hoffmann, design for a cruet-stand (serial number S 1489); silver, malachite, coral, glass; calculated 1909 (WWMB 11, p. 1489); width 19 cm. – ÖMAK, Inv. K.I. 12027/10

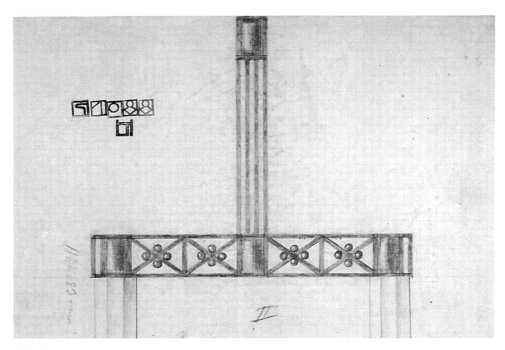

Abb. 17

Abb. 18

Abb. 19. „Probestück" der Rosenmarke, Reg.-Nr. Wien 18912. – Handelskammer Wien, MR Band XXIX, fol. 6415

Fig. 19: "Sample" of Rose Mark, reg. no. Wien 18912. – Chamber of Commerce, Vienna, MR volume XXIX, fol. 6415

DIE MARKENREGISTRIERUNGEN DER WIENER WERKSTÄTTE

Die Wiener Werkstätte ließ insgesamt drei Marken registrieren: die stilisierte Blume (be
kannt als Rosenmarke), das WW-Monogramm und die Worte WIENER WERKSTÄTTE.
Die Geschichte dieser Markenregistrierungen und -erneuerungen, der Markenübernah-
men und -löschungen ist in der einschlägigen Literatur über die Wiener Werkstätte bisher weitgehend unbeachtet geblieben. Wenn die sogenannte Rosenmarke häufig als
einzige Schutzmarke der Wiener Werkstätte aufscheint, so trifft dies nur für die Zeit von
1903 bis 1913 zu.
Aus den zeitgenössischen Quellen (auf die große Bedeutung der Unterlagen im Markenregister der Wiener Handelskammer sei hier mit besonderem Nachdruck hingewiesen)
ergibt sich die Möglichkeit, ein nahezu vollständiges Bild der Markengeschichte der
Wiener Werkstätte zu rekonstruieren, wie aus der nachfolgenden Chronologie zu erkennen ist:

1903

ANMELDUNG DER „ROSENMARKE" IM MARKENREGISTER

Das Hinterlegungsdatum für das „Probestück" der Rosenmarke (Abb. 19, S. 32) war der
„(22.) zweiundzwanzigste Juni 1903, 12 Uhr 20 Min. Nachm." (Reg.-Nr. 18912, MR Band
XXIX, fol. 6415). Dr. Gotthilf Bamberger, „Hof- + Gerichts-Advokat, in Wien, I. Landes-
gerichtsstraße 18." hatte die entsprechenden Schritte für die „Firma ‚Wiener Werkstätte,
Produktivgenossenschaft von Kunsthandwerkern in Wien, registrierte Genossenschaft
mit unbeschränkter Haftung', in Wien, IV., Heumühlgasse 6." unternommen. In der Rubrik „Bezeichnung der Unternehmung, ihres Standortes und der Waren, für welche die
Marke bestimmt ist" wurde festgehalten: „für den Betrieb des Gold= Silber= und Juwelenarbeitergewerbes und die Gürtler und Bronzewarenerzeugung in Wien; für Gold= und
Silberwaren, Juwelen, Lederwaren und Bronzewaren.", und in der Anmerkung findet
sich die Anbringungsart: „Wird auf die Waren teils geschlagen und teils auf Verpackun-
gen aufgedruckt."
Der bis auf die Minute genau angegebene Zeitpunkt der Markenregistrierung konnte bei
Prioritätsfragen von großer Bedeutung sein. Die Veröffentlichung erfolgte, wie üblich, im
Zentral-Marken-Anzeiger (Abb. 22, S. 36).

ANMELDUNG DES WW-MONOGRAMMS IM HOCHOVAL UND DER WORTE „WIENER WERKSTÄTTE" IM PUNZIERUNGSAMT

Offensichtlich ebenfalls im Jahre 1903 wurde eine Punze für die Wiener Werkstätte im
Wiener Hauptpunzierungsamt deponiert: das WW-Monogramm in einer hochovalen Rahmung (Abb. 23, S. 36). Wann die „block" geschriebenen Worte WIENER WERKSTÄTTE
(Abb. 27, S. 40) angemeldet wurden, ist unbekannt. Der Hinweis „block" im Namenspunzenregister ist im Sinne von „glatt" im Gegensatz zu „römisch" (mit Häckchen) gestalteten Buchstaben zu verstehen (Waltraud Neuwirth, Lexikon Wiener Gold- und Silberschmiede und ihre Punzen 1867-1922, Band I, Wien 1976, S. 65).
Das erstgenannte Monogramm (im Hochoval) begegnet uns in auffallender Häufigkeit
bei frühen Wiener Werkstätte-Metallobjekten (edlen und unedlen), sodaß wir bei Vorkommen des dieses Monogramms wohl auf die Frühzeit der Wiener Werkstätte schließen dürfen. Auf der Metalltafel des Wiener Hauptpunzierungsamtes (Abb. 24, S. 36) sind
zahlreiche WW-Monogramme eingeschlagen, von denen jenes im Hochoval das älteste,
jenes rechts daneben vermutlich das zweitälteste ist.

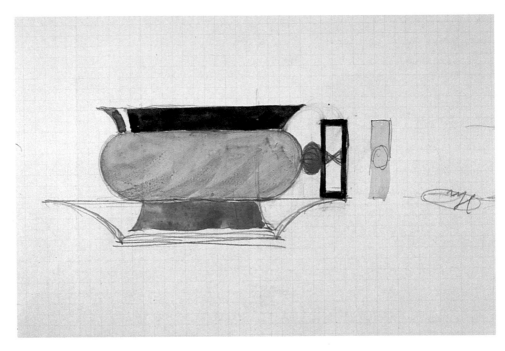

Abb. 20. Josef Hoffmann, Entwurf für eine Henkelschale mit Untertasse, Keramik, Gesamthöhe 6,5 cm, Durchmesser (Untertasse) 14,4 cm, monogrammiert JH. – ÖMAK, Inv. K.I. 11993/6

Fig. 20: Josef Hoffmann, design for a handled cup with saucer; ceramic, overall heigth 6.5 cm, diameter (saucer) 14.4 cm, monogram JH. – ÖMAK, Inv. K.I. 11993/6

Abb. 21. Josef Hoffmann, Entwürfe für Aschenschalen aus Email, je 6,2 × 8,7 cm, Werknummern KW 1681/6 bzw. KW 1681/7 (unten), zweimal monogrammiert JH; kalkuliert 1929 (WWMB 74, Nr. KW 1681). – ÖMAK, Inv. K.I. 11996

Fig. 21: Josef Hoffmann, design for enamel ashtrays, each 6.2 × 8.7 cm, serial numbers KW 1681/6 and KW 1681/7 (below), two monograms JH; calculated 1929 (WWMB 74, no. KW 1681). – ÖMAK,

1913

ERNEUERUNG DER „ROSENMARKE", ERSTREGISTRIERUNG DES WW-MONO-GRAMMS UND DER WORTMARKE „WIENER WERKSTÄTTE"

Im Markenregister (MR Band LXXXII, fol. 19902) wurden am 14. November 1913 („10 Uhr 15 Min. vorm.") für die Wiener Werkstätte Eintragungen unter zwei Registernummern vorgenommen: der Markenschutz für die Rosenmarke wurde nach Ablauf der 10jährigen Schutzfrist unter Reg.-Nr. 58857 erneuert und die Wortmarke „WIENER WERK-STÄTTE" (Abb. 28, S. 40) unter Reg.-Nr. 58856 erstmals angemeldet. Die Erstregistrierung des WW-Monogramms erfolgte unter Reg.-Nr. 59153 (MR Band LXXXIII, fol. 20001) ebenfalls am 14. November 1913 um 10 Uhr 15 Minuten vormittags (Abb. 35, S. 48).

Abb. 21

Wien, 18912. 22. Juni 1903, N. M. 12ʰ 20. Firma: **Wiener Werkstätte Produktivgenossenschaft von Kunsthandwerkern in Wien,** r. G. mit unbeschr. Haftung in Wien, IV., Heumühlgasse 6. Für Gold- und Silberwaren, Juwelen und Bronzewaren (siehe Gruppe III b). **Verwendung:** Wird auf die Waren teils geschlagen, teils auf Verpackungen in Schwarz gedruckt.

Abb. 22. Rosenmarke, Reg.-Nr. Wien 18912. – ZMA für das Jahr 1903, Wien 1904, S. 688

Fig. 22. Rose Mark, reg. no. Wien 18912. – ZMA for 1903, Vienna 1904, p. 688

Abb. 23. WW-Monogramm im Hochoval, Eintragung im „Namenspunzenregister" des Hauptpunzierungsamtes, Wien

Fig. 23: WW monogram in an oval, entry in the register of hallmarks at the Main Assay Office, Vienna

Abb. 24. WW-Monogramme, verschiedene Typen, eingeschlagen in eine Metalltafel, Hauptpunzierungsamt Wien

Fig. 24: WW monograms, various types, punched in a metal plate, main Assay Office, Vienna

Alle drei Marken der Wiener Werkstätte galten nun für wesentlich umfassendere Warengruppen, als dies bei der Erstregistrierung der Rosenmarke von 1903 (in der Beschränkung auf Metall- und Lederwaren) der Fall gewesen war. Das Markenregister (MR Band LXXXII, fol. 19902) nennt:

1.) Metallwaren,
2.) Glas-, Stein-, und Tonwaren,
3.) Bein-, Papier- und Lederwaren
4.) Bekleidungsgegenstaende, Gewebe und Putzwaren

Diese Einteilung entsprach den Warengruppen, wie sie auch im Zentral-Marken-Anzeiger – der die angemeldeten Marken, wie der Name schon sagt, „anzeigte", d.h. abbildete (Abb. 28, S. 40 sowie Abb. 35, S. 48) – unterschieden wurden.

Als Gewerbe der Wiener Werkstätte wurden in diesem Zusammenhang der „Betrieb des Gold=, Silber= und Juwelenarbeitergewerbes und die Gürtler= und Bronzewarenerzeugung, das Damenkleidermacher= und das Modistengewerbe" angeführt, also ebenfalls eine Erweiterung des „Betriebsgegenstandes", den vier angeführten Warengruppen entsprechend. Es versteht sich von selbst, daß als Adresse der Wiener Werkstätte nun jene in „Wien, VII., Neustiftgasse 32-34" angeführt war. In der Heumühlgasse hatte das Unternehmen ja nur wenige Monate Quartier genommen.

Während meines Wissens die Rosenmarke vor allem für die Gruppe 1 in Frage kam, bezog sich die Wortmarke WIENER WERKSTÄTTE (in zweizeiliger Form) überwiegend auf den textilen Bereich, aber auch auf bestimmte Papierwaren. Bemerkenswert scheint, daß unter der Rubrik „Anmerkung" zum WW-Monogramm der Begriff „Etikette" genannt wird (MR Band LXXXIII, fol. 20001).

In drei Zeilen angeordnet, kann der Begriff WIENER WERK STÄTTE für kein Materialgebiet ausgeschlossen werden. Eine registrierte Wortmarke dieser Form konnte ich allerdings nicht ausfindig machen.

Meine Publikation Wiener Werkstätte – Avantgarde, Art Déco, Industrial Design (Wien 1984, S. 22) ist insoferne zu korrigieren, als das WW-Monogramm bereits im November 1913 und nicht, wie dort angegeben, im Jahre 1914 angemeldet wurde (nur die Publizierung erfolgte 1914 im Zentral-Marken-Anzeiger für das Jahr 1914, Wien 1915).

1915

UMSCHREIBUNG WEGEN ÄNDERUNG DES FIRMENWORTLAUTES

Alle drei bisher genannten Marken (Rosenmarke, WW-Monogramm, Wortmarke WIENER WERKSTÄTTE) wurden im Jahre 1915, nachdem die Wiener Werkstätte ihren Firmennamen in „Betriebsgesellschaft m. b. H. der Wiener Werkstätte, Produktivgenossenschaft für Gegenstände des Kunstgewerbes" geändert hatte, auf diesen Firmennamen umgeschrieben (am 29. 5. 1915, und zwar aufgrund der Verlautbarung im Amtsblatt zur Wiener Zeitung vom 1. April 1914, No. 74). Ins Markenregister wurden diese Änderungen eingetragen (MR Band LXXXII, fol. 19902).

1923

UMSCHREIBUNG WEGEN ÄNDERUNG DES FIRMENWORTLAUTES

Im Publikationsorgan über registrierte Marken, dem Zentral- Marken-Anzeiger, werden 1923 die bis dahin von der Wiener Werkstätte registrierten Marken (Rosenmarke, Reg.-Nr. 58857; Wortmarke WIENER WERKSTÄTTE, Reg.-Nr. 58856 sowie WW-Monogramm, Reg.-Nr. 59153) in bezug auf eine Änderung des Firmenwortlautes der Wiener

Abb. 26. Zimpel, Stoffmuster „Guinea". – ÖMAK, Stoffmuster Mappe Seide Nr. 22

Fig. 26: Zimpel, "Guinea" fabric pattern. – ÖMAK, silk fabric pattern folder no. 22

Abb. 25. Zimpel, Stoffmuster „Bahia". – ÖMAK, Stoffmuster Mappe Seide Nr. 4

Fig. 25: Zimpel, "Bahia" fabric pattern. – ÖMAK, silk fabric pattern folder no. 4

Werkstätte erwähnt: „Am 4. 1. 23 wurde vermerkt: der Firmawortlaut ist geändert in Wiener Werkstätte Gesellschaft mbH., Wien, I., Tegetthoffstraße 7-9" (ZMA für das Jahr 1923, S. 25; MR Band LXXXII, fol. 19902).

1924

LÖSCHUNG UND ERNEUERUNG DER WORTMARKE WIENER WERKSTÄTTE

Gegen Ende 1923 kam es zu einer kurzfristigen Löschung der oben genannten Marke, vermutlich wegen einer Fristversäumnis der Erneuerung der unter Reg.-Nr. 58856 erstmals registrierten Wortmarke WIENER WERKSTÄTTE. Die Löschung erfolgte per 14. 11. 1923 gemäß § 21 MSchG. (ZMA für das Jahr 1924, S. 94). Die „Wiedereinsetzung wegen Versäumnis der Erneuerungsfrist am 29. März 1924 beantragt und bewilligt", vermerkt das Markenregister (MR Band LXXXII, fol. 19902). An derselben Stelle sind zwei spätere Erneuerungen dieser Marke (bis zum 14. 11. 33 bzw. zum 14. 11. 43) eingetragen.
Eine weitere Anmeldung derselben Wortmarke (Abb. 29, S. 40 sowie Abb. 280, S. 234) erfolgte unter Reg.-Nr. 93875 vom 24. 1. 1924 (MR Band CXXVI, unpag.). Zu diesem Zeitpunkt firmierte die Wiener Werkstätte als Ges. m. b. H. mit Sitz in Wien I., Tegetthoffstraße 7-9.

Abb. 25

Abb. 27. Eintragung des Firmennamens Wiener Werkstätte im „Namenspunzenregister" des Haupt-punzierungsamtes, Wien

Fig. 27: Entry of the company name Wiener Werkstätte in the hallmark register of the main Assay Office, Vienna

Wien 58856, 58857. 14. 11. 1913. F⁼ Wiener Werkstätte, Produktivgenossenschaft von Kunsthandwerkern, Wien, regi-strierte Genossenschaft mit un-bechränkter Haftung, Wien, VII. Neustiftgasse 32/34. Unterneh-mung: Betrieb des Gold-, Silber- und Juwelenarbeitergewerbes und Gürtler- und Bronze-warenerzeugung, Damenkleidermacher- und Modistengewerbe. **Waren: I:** Metallwaren; **II:** Glas-, Stein- und Tonwaren; **III:** Papier-, Bein- und Lederwaren; **IV:** Bekleidungsgegen-stände, Gewebe und Putzwaren.

Abb. 28. Rosenmarke und Wortmarke WIENER WERKSTÄTTE, Reg.-Nrn. Wien 58856 und 58857. – ZMA für das Jahr 1913, Wien 1914, S. 1665

Fig. 28: Rose Mark and trade name WIENER WERKSTÄTTE, reg. nos. Wien 58856 and 58857. – ZMA for 1913, Vienna 1914, p. 1665

Wien 93875. 24. 1. 1924. Fa. Wiener Werk-stätte Gesellschaft m. b. H., Wien, I., Tegetthof-straße 7—9. Waren: Beinwaren, Bekleidungsgegenstände, Gewebe, Glas-, Leder-, Metall-, Papier-, Putz-, Stein- und Tonwaren.

Abb. 29. Wortmarke WIENER WERKSTÄTTE, Reg.-Nr. Wien 93875. – ZMA für das Jahr 1924, Wien 1925, S. 22

Fig. 29: Trade name WIENER WERKSTÄTTE, reg. no. Wien 93875. – ZMA for 1924, Vienna 1925, p. 22

Die Marke wurde für folgende Waren beansprucht: „Beinwaren, Bekleidungsgegenstände, Gewebe, Glas=, Leder=, Metall=, Papier=, Putz=, Stein= und Tonwaren", als entsprechende Gewerbe wurde „Gold-, Silber= und Juwelenarbeitergewerbe und Gürtler= und Bronzewarenerzeugung, Damenkleidermacher= und Modistengewerbe" angeführt (MR Band CXXXVI, unpag.). In der Spalte „Anmerkung" ist das Wort „Etikette" zu finden.

1928

VERMERK ÜBER ÄNDERUNG DER FIRMENANSCHRIFT

Eine weitere Änderung der Firmenanschrift wird im Markenregister (MR Band LXXXII, fol. 19902, ZMA für das Jahr 1928, S. 88) festgehalten und zwar in bezug auf vier (!) Registernummern von Marken (Nr. 58856, 58857, 59153 und 93875). Dies ist deshalb merkwürdig, da die Register-Nummern 58856 und 93875 identische Markenbilder aufweisen, bis auf den minimalen Unterschied, daß die Marke Reg.-Nr. 93875 als Prägedruck leicht reliefartig erscheint.

Als Adresse wird nun Wien VII., Döblergasse 4 angegeben. Hingewiesen sei auch auf einige Notizen im Markenregister, die sich auf den internationalen Markenschutz des WW-Monogramms beziehen (MR Band LXXXIII, fol. 20001). Diese Notizen betreffen internationale „Schutzverweigerungen" in den Niederlanden und in der Tschechoslowakei, wobei die letztgenannte Schutzverweigerung kurz darauf wieder aufgehoben wird, sowie teilweise „Schutzverweigerungen" in Deutschland, Kuba und in Niederländisch Indien.

1932

DIE AUFLÖSUNG DER WIENER WERKSTÄTTE – MARKENRECHTLICHE FOLGEN

Laut damals gültigem Markenschutzgesetz gingen gleichzeitig mit einem Unternehmen auch dessen Marken unter. Dies mußte daher auch für die Wiener Werkstätte (Löschung im Handelsregister im Jahre 1939) und ihre registrierten Marken gelten – de facto traf dies in bezug auf einen Weiterbestand dieser Marken nur für die sogenannte Rosenmarke zu (soferne spätere Anwendungen in Form von Fälschungen unberücksichtigt bleiben). Der amtliche Löschungsvermerk „Gelöscht nach § 21, lit. b. M. Sch. G." wurde für die Rosenmarke sowohl bei der ersten Registernummer 18912 (Registrierung 1903, MR Band XXIX, fol. 6415) als auch bei der späteren Nummer 58857 (Registrierung 1913) eingestempelt.

Die beiden anderen registrierten Marken der Wiener Werkstätte – die Wortmarke WIENER WERKSTÄTTE sowie das WW-Monogramm – blieben erhalten. Da die Wiener Werkstätte zwei Anträgen auf Einschränkungen dieser Marken zugestimmt hatte, ließ sie den Markenschutz für WW-Monogramm und Wortmarke unter Berücksichtigung dieser Einschränkungen bis 1943 erneuern. Andere Firmen übernahmen diese Marken für bestimmte Warengruppen: das WW-Monogramm (die Firma Keramos für Stein- und Tonwaren) und die Wortmarke Wiener Werkstätte (die Firma Altmann für Bekleidungsgegenstände, Gewebe und Pelzwaren). Entsprechende Anträge auf Einschränkung vom 20. 9. 1932 (Stein- und Tonwaren) bzw. 30. 11. 1932 (Bekleidungsgegenstände, Gewebe und Putzwaren) sind im Markenregister vermerkt.

Diesen Anträgen wurde stattgegeben: am 20. 9. 1932 wurden für das WW-Monogramm im Warenverzeichnis die Angaben „Stein- und Tonwaren" gestrichen (ZMA für das Jahr 1932, Wien 1933, Reg.-Nr. Wien 59153, S. 184), am 30. 11. 1932 die Angaben „Beklei-

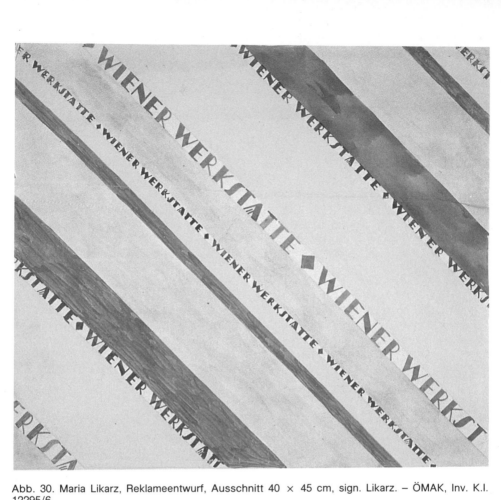

Abb. 30. Maria Likarz, Reklameentwurf, Ausschnitt 40 × 45 cm, sign. Likarz. – ÖMAK, Inv. K.I.
12295/6

Fig. 30: Maria Likarz, design for advertisement, detail 40 × 45 cm, signed Likarz. – ÖMAK, Inv. K.I.
12295/6

dungsgegenstände, Gewebe und Pelzwaren" (ZMA für das Jahr 1932, Wien 1933,
Reg.-Nr. Wien 59153, S. 255). Im Jahre 1933 ließ die Wiener Werkstätte (als Firma in Liquidation, die aber zu diesem Zeitpunkt noch nicht abgeschlossen war) das WW-Monogramm (Marke Reg.-Nr. 59153, 14. 11. 1913) erneuern (ZMA für das Jahr 1933, Wien
1934, S. 146), sodaß seine Gültigkeit weitere zehn Jahre bestand (bis 1943). Ausgenommen davon waren die 1932 gestrichenen Warengruppen „Stein- und Tonwaren" sowie
„Bekleidungsgegenstände, Gewebe und Pelzwaren".

Abb. 31. Maria Likarz, Reklameentwurf, 19,8 × 29,8 cm, sign. Likarz. – ÖMAK, Inv. K.I. 12296/4

Fig. 31: Maria Likarz, design for advertisement, 19.8 × 29.8 cm, signed Likarz. – ÖMAK, Inv. K.I. 12296/4

DIE ÜBERNAHME DER WORTMARKE „WIENER WERKSTÄTTE" DURCH DIE FIRMA ALTMANN

Die Firma Altmann sicherte sich eine der begehrten Wiener-Werkstätte-Marken durch direkte Übernahme – der exakte terminus technicus dafür hieß „Umschreibung". Die dazu erforderlichen Schritte unternahm der Wiener Patentanwalt Dr. Alfred Monath im Auftrag der Firma Bernhard Altmann in Wien (der betreffende Schriftwechsel befindet sich in der Wiener Handelskammer, Zl. 48.462/32). Ein mit 30. November 1932 datiertes Schreiben von Monath an die Kammer für Handel, Gewerbe und Industrie ist in mehr als einer Hinsicht aufschlußreich, sodaß es hier auszugsweise zitiert sei:

warenabteilung einschliesslich der österreichischen Marken Nr. 58 856 und Nr. 93.875 an die Firma Bernhard Altmann in Wien, V., Siebenbrunnengasse Nr. 21 übertragen hat. Aus diesem Schreiben wird weiters ersichtlich, daß die beiden obigen Marken in Ansehung der Warenbezeichnungen ‚Metallwaren, Glas-, Stein- und Tonwaren, Papier-, Bein- und Lederwaren' zu löschen sind.

Ich bin sohin damit einverstanden, daß diese Marken in Ansehung der obenbezeichne-

WIENER WERKSTÄTTE

10. 11. 1942. Bernhard Altmann Gesellschaft m. b. H., Wien V., Siebenbrunneng. 21. **Waren:** Strumpfwaren, gewirkte, gestrickte und gewebte Bekleidungsstücke, Garne, Web- und Wirkstoffe (Kl. 3 c, 3 d, 14, 41). **Priorität:** 10. 11. 1932 (§ 6 Marken-ÜG.). Urspr. Eintragung Nr. 112651/Wien, Wz. Nr. 533533.

Abb. 32. Wortmarke WIENER WERKSTÄTTE, Reg.-Nr. Wien 15546 (Priorität 10. 11. 1932), Firma Bernhard Altmann Gesellschaft mbH, Wien V, Siebenbrunnengasse 21. – ÖMA Jg. 1950, Wien o.J., S. 225

Fig. 32: Trade name WIENER WERKSTÄTTE, reg. no. Wien 15546 (priority 10th November 1932), Bernhard Altmann Gesellschaft mbH, Vienna V, Siebenbrunnengasse 21. – ÖMA volume 1950, Vienna, no year, p. 225

ten Waren gelöscht werden. Ebenso bin ich damit einverstanden, daß die österreichische Marke Nr. 59153 mit Bezug auf die Warenbezeichnungen ‚Bekleidungsgegenstände, Gewebe und Putzwaren' gelöscht wird und wiederhole die Bitte, die diesbezüglichen Eintragungen in den dortamtlichen Registern vorzunehmen.“

Aus diesem Zitat geht hervor, daß die Firma Bernhard Altmann die Wortmarken WIENER WERKSTÄTTE (Reg.-Nrn. 58856 und 93875) auf sich umschreiben ließ, nachdem die in Liquidation befindliche Wiener Werkstätte sich damit einverstanden erklärt hatte. Die Umschreibung erfolgte nur für den Bereich „Kommissionshandel mit Wolle und Wollerzeugnissen sowie fabriksmässige Erzeugung von Strickwaren“ (Auszug aus einem Brief der Kammer an Monath vom 30.12.1932), der Gültigkeitsbereich der Marke wurde daher gegenüber dem früheren Gebrauch stark eingeschränkt (eingetragen im MR Band LXXXII, fol. 19902). Bei der Marke Reg.-Nr. 93875 (MR Band CXXVI, unpag.) sind weitere Hinweise zu finden: „Die Marke wurde unter Nr. 535/55 in die Warenzeichenrolle des Reichspatentamts übernommen. 16/41“ sowie „Das Reichspatentamt hat am 9. 4. 1941 folgende Eintragung vorgenommen: umgeschrieben auf: Wiener Wollwarenwerke Bagusat & Böhme, Wien V/55, Siebenbrunnengasse 21. (Z. 16134/41).“

Aus dem Brief von Monath (30. 11. 1932) geht klar hervor, daß die Wiener Werkstätte der Firma Altmann die „gesamte Modewarenabteilung einschliesslich der österreichischen Marken“ übertragen hatte. In gewisser Weise war damit nur ein logischer Schritt vollzogen, da Altmann bereits vor Auflösung der Wiener Werkstätte für dieses Unternehmen bestimmte Artikel ausgeführt hatte.

Weiters wird für das Jahr 1943 (ÖMA 1950, S. 163) wieder im Zusammenhang mit einer Wortmarke WIENER WERKSTÄTTE die Firma Bernhard Altmann genannt: Nr. 15056, 14. 11. 1943 Bernhard Altmann Gesellschaft m.b.H., Wien V, Siebenbrunnengasse 21; ursprüngliche Eintragung 58856, Priorität 14. 11. 1913.

Eine weitere, im Markenbild etwas abweichende Wortmarke WIENER WERKSTÄTTE (Abb. 32, S. 44) führt der Österreichische Marken- Anzeiger (1950, S. 225) an.

DAS WW-MONOGRAMM ALS KERAMOS-MARKE

Das WW-Monogramm wurde im Jahre 1932 von Keramos als eigene Marke angemeldet (Abb. 37, 38; S. 51). In der Wiener Handelskammer ist unter Zahl 47743/32 die entsprechende Korrespondenz erhalten. Die Wiener Werkstätte erklärte sich in einem Schreiben vom 19. September 1932 an die Kammer für Handel, Gewerbe und Industrie mit der Auflösung der WW-Marke, allerdings nur in bezug auf die Warengattung „Stein- und Tonwaren", einverstanden:

„Für uns ist das ‚WW'-Zeichen als Marke für verschiedene Warengattungen, darunter auch für ‚Stein- und Tonwaren' unter der No 59153 beim Zentralmarkenarchiv, Wien, sowie unter der No 57390 international registriert.

Wir erklären hiemit, daß wir das für uns als Marke in Österreich und international registrierte ‚WW'-Zeichen bezüglich der Warengattung ‚Stein- und Tonwaren' auflassen, diese Marke jedoch bezüglich der übrigen Warengattungen sowohl in Österreich als auch international aufrecht erhalten . . ."

Diesem Antrag wurde von der Kammer stattgegeben und am 20. September 1932 im Warenverzeichnis zur Marke Nr. 59153 die Angaben „Stein- und Tonwaren" gestrichen.

Mittels Schreiben vom 31. Oktober 1932 übermittelte Keramos der Kammer „die Bestätigung des Internationalen Bureaus für Markenschutz in Bern über die erfolgte Einzahlung von strcs 30.- für die Streichung der international unter No 57.390 registrierten Marke der ‚Wiener Werkstätte'."

Das von Keramos für dieses Schreiben verwendete Briefpapier enthält im Briefkopf bereits das WW-Monogramm (Abb. 36, S. 51) neben der am 23. 2. 1928 registrierten dreieckigen Keramos-Marke (Reg.-Nr. Wien 103081, ZMA für das Jahr 1928, Wien 1929, S. 36), und daneben – verblüffenderweise – ein weiteres Kennzeichen; ein Monogramm EK. Die unter allen drei Marken befindliche Charakterisierung „Unsere Schutzmarken" spricht diese Marken als registrierte Marken an; für die beiden ersten konnte dieser Nachweis erbracht werden; das EK-Monogramm, üblicherweise als Kennzeichen von Eduard Klablena, Langenzersdorf, geläufig, kommt auf einem Briefpapier von Keramos aus dem Jahre 1928 (Archiv WW, ÖMAK) ebensowenig vor wie das WW-Monogramm; ein mit 8. Mai 1930 datierter Brief von Keramos enthält nach wie vor nur die dreieckige Keramos-Marke, während ein Brief vom 16. März 1932 sowohl das EK-Monogramm als auch die dreieckige Keramos-Marke aufweist. Ab Oktober 1932 waren alle drei Keramos-Marken im Briefkopf der Firma offenbar regelmäßig vertreten (Archiv WW, ÖMAK, Brief von Keramos vom November 1932). Eine Registrierung des EK-Monogramms für Keramos konnte ich bisher nicht finden.

Die Verwendung des WW-Monogramms durch Keramos war weder zufällig noch 1932 erstmals zu beobachten. Hatte doch diese keramikerzeugende Wiener Firma noch während des Bestehens der Wiener Werkstätte zahlreiche Modelle für diese vervielfältigt und ganz offiziell im Auftrag der Wiener Werkstätte auch deren WW-Monogramm in die betreffenden Keramiken eingestempelt. Beispiele dafür gibt es zahlreiche. Viele der so-

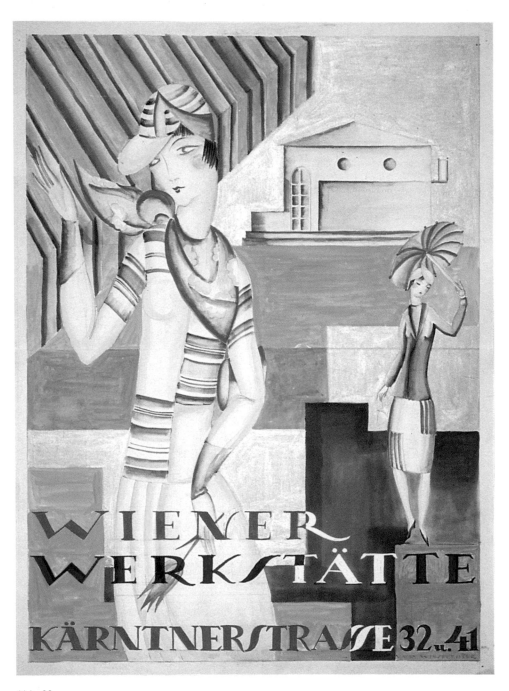

Abb. 33

46

Abb. 34. Gudrun Baudisch, Entwurf für ein Plakat, 44 × 43,5 cm, bez. GUDRUN BAUDISCH, auf der Rückseite datiert 12. IV. 28. – ÖMAK, Inv. K.I. 11523

Fig. 34: Gudrun Baudisch, design for a poster, 44 × 43.5 cm, signed GUDRUN BAUDISCH, dated on the back 12. IV. 28. – ÖMAK, Inv. K.I. 11523

Abb. 33. Vally Wieselthier, Entwurf für ein Plakat, 58,8 × 42,9 cm, bez. VALLY WIESELTHIER, auf der Rückseite datiert 12. IV. 28. – ÖMAK, Inv. K.I. 13189/1

Fig. 33: Vally Wieselthier, design for a poster, 58.8 × 42.9 cm, signed VALLY WIESELTHIER, dated on the back 12. IV. 28. – ÖMAK, Inv. K.I. 13189/1

Wien 59153. 14. 11. 1913. F≃ „Wiener Werkstätte", Produktivgenossenschaft von Kunsthandwerkern in Wien, registrierte Genossenschaft mit unbeschränkter Haftung, Wien, VII. Neustiftgasse 32/34. **Unternehmung:** Betrieb des Gold-, Silber- und Juwelenarbeitergewerbes und Gürtler- und Bronzewarenerzeugung, Damenkleidermacher- und Modistengewerbe. **Waren: I:** Metallwaren; **II:** Glas-, Stein- und Tonwaren; **III:** Papier-, Bein- und Lederwaren; **IV:** Bekleidungsgegenstände, Gewebe und Putzwaren.

Abb. 35. WW-Monogramm, Reg.-Nr. Wien 59153. – ZMA für das Jahr 1914, Wien 1915, S. 57

Fig. 35: WW monogram, reg. no. Wien 59153. – ZMA for 1914, Vienna 1915, p. 57

genannten KE-Keramiken (K = Keramik, E = Extern), wenn auch nicht alle, sind auf den Hersteller Keramos zurückzuführen (auf die verschiedenen Bezeichnungen der Wiener Werkstätte-Keramiken ging ich bereits in meinem Buch „Die Keramiken der Wiener Werkstätte, Band 1: Originalkeramiken 1920-1931", Wien 1981, ein).

Aufgrund der nun aktenkundig nachweisbaren Verwendung des WW-Monogramms durch Keramos nicht nur bis 1932, sondern auch danach, wird es künftig bei Keramiken, die Keramos-Marken in Verbindung mit dem WW-Monogramm zeigen, sehr schwer feststellbar sein, wann sie entstanden sind. Aus den Inventaraufstellungen der Wiener Werkstätte geht außerdem hervor, daß Keramos über die Formen vieler Wiener Werkstätte-Keramiken verfügte, sodaß auch in dieser Hinsicht eine Unterscheidung von Ausformungen vor oder nach 1932 unmöglich erscheint. Außerdem war die Verwendung des WW- Monogramms durch Keramos nach 1932 rein theoretisch nicht exklusiv an Wiener Werkstätte-Modelle gebunden, sodaß Keramos auch andere Modelle mit diesem Monogramm versehen konnte; diese Möglichkeit könnte zu weiteren unkorrekten Zuschreibungen führen.

MARKENRECHTLICHE BESTIMMUNGEN UND IHR EINFLUSS AUF DIE FORM DER WIENER-WERKSTÄTTE-MARKEN

Um die Gesetzeslage im Jahre 1903 – dem Zeitpunkt der Registrierung der Rosenmarke – zu verstehen, seien nachfolgend die ersten drei Paragraphen aus dem Markenschutzgesetz vom 6. Jänner 1890, R. G. Bl. Nr. 19 (nach Adler-Schulz 1906, S. 364–373, ohne die Kommentare dieser Autoren wiederzugeben) zitiert:

„§ 1. Unter Marken werden in diesem Gesetze die besonderen Zeichen verstanden, welche dazu dienen, die zum Handelsverkehre bestimmten Erzeugnisse und Waren von anderen gleichartigen Erzeugnissen und Waren zu unterscheiden (Sinnbilder, Chiffren, Vignetten u. dgl.).

§ 2. Wer sich das Alleinrecht zum Gebrauche einer Marke sichern will, muß die Registrierung derselben nach den Bestimmungen des folgenden Abschnittes erwirken.

§ 3. Von der Registrierung ausgeschlossen, daher zur Erwerbung eines Alleinrechtes nicht geeignet, sind solche Warenzeichen, welche:

  1. ausschließlich Bildnisse des Kaisers oder von Mitgliedern des kaiserlichen Hauses enthalten;

  2. bloß in Staats= oder anderen öffentlichen Wappen, Zahlen, Buchstaben oder Worten bestehen;

3. zur Bezeichnung von bestimmten Warengattungen im Verkehre allgemein gebräuchlich sind; . . ."

Die Rosenmarke der Wiener Werkstätte entsprach also den oben genannten Bestimmungen, da sie wohl als Sinnbild angesehen werden kann (welche Bedeutung diesem Sinnbild von den Begründern der Wiener Werkstätte zugemessen wurde, ist, wie bereits erwähnt, bisher nicht bekannt geworden).

Nach § 3, Z. 2 des oben zitierten Markenschutzgesetzes von 1890 waren Warenzeichen, die nur aus Buchstaben oder Worten bestanden, damals nicht registrierbar. Das Gesetz von 1890 kannte also noch keinerlei Wortmarken im später üblichen Sinn.

Durch die Markenschutznovelle vom 30. Juli 1895 wurde die Wortmarke mit gewissen Einschränkungen möglich. Der § 1 dieser Novelle lautete folgendermaßen:

„§ 1. Die Vorschrift des § 3, Punkt 2 des Gesetzes vom 6. Jänner 1890, R. G. Bl. Nr. 19, kraft welcher die bloß in Worten bestehenden Warenzeichen von der Registrierung ausgeschlossen sind, findet nur auf solche Worte Anwendung, welche ausschließlich Angaben über Ort, Zeit oder Art der Herstellung, über die Beschaffenheit, über die Bestimmung, über Preis=, Mengen= oder Gewichtsverhältnisse der Ware enthalten . . ." (zitiert nach Adler-Schulz 1906, S. 471-472).

Zahlreiche Erlässe, die der Novelle von 1895 folgten, bestimmten die Registrierfähigkeit von Marken (speziell von Wortmarken) und sind sowohl für die Monogramm- als auch für die Wortmarke (WIENER WERKSTÄTTE) der Wiener Werkstätte nicht ohne Bedeutung, z. B. ein Erlaß von 1897 (zitiert nach Adler-Schulz 1906, S. 480):

„Eine Wortmarke . . . kann nur dann den vollen Schutz des Markenrechtes erlangen, wenn sie sich als individualisierter Name zur Unterscheidung der Ware eines Gewerbetreibenden von allen gleichartigen Waren anderer Gewerbetreibender eignet (E.d.V.G.H. v. 8. Jän. 1897, Z. 98)."

An anderer Stelle wird auf einen Erlaß des Jahres 1902 hingewiesen (Adler-Schulz 1906, S. 483):

„67. Eine Wortmarke, welche nicht ihrem Wortsinne nach sich als eine Beschaffenheitsangabe darstellt, kann als solche nur dann angesehen werden, wenn sie im Verkehre zur Bezeichnung bestimmter Warengattungen allgemein gebräuchlich ist, nicht aber, wenn diese Marke zur Bezeichnung gerade der Ware des Markenbesitzers im Verkehr allgemein üblich ist (E.d.L.G.Wien v. 18. Okt. 1902, Z. Nc II 5308/2, Ö. Pbl. 1903, S. 480)."

Das quadratisch gerahmte WW-Monogramm stand 1903 gerade in seiner Reduktion auf Buchstaben und Rahmung einer Registrierfähigkeit entgegen; ähnliches galt auch für die rechteckig gerahmten Worte WIENER WERKSTÄTTE, denn:

„Zahlen oder Buchstaben werden dadurch, daß sie mit einer nicht charakteristischen Umrahmung versehen werden oder daß zwischen dieselben ein Interpunktionszeichen gesetzt wird, nicht schutzfähig (HM. 9. Juni 1893, Z. 29.942, und VIII, Abs. 3 der Instruktion)" (Abel 1908, S. 88), und in bezug auf Monogramme heißt es an gleicher Stelle:

„Kombinationen von Buchstaben können dadurch, daß die Kombination in eigentümlicher Weise hergestellt erscheint (Monogramme), schutzfähig werden, bloße Initialen sind dagegen nicht eintragungsfähig (Kent, Nr. 112, verlangt zur Schutzfähigkeit von Monogrammen eine derartige Zusammenstellung der Buchstaben, daß dieselben als einzelne Buchstaben überhaupt nicht mehr wahrnehmbar sind; das deutsche PA ist weniger strenge)". Im Hinblick auf das soeben angeführte Zitat ist es zumindest bemerkenswert, daß, wie bereits einmal erwähnt, die meisten Vorlagenwerke im 19. Jahrhundert – und sogar darüber hinaus – vielfach verschnörkelte, tatsächlich kaum mehr entzifferbare Monogrammbilder zeigen, zu denen das schlichte WW-Monogramm in starkem Kontrast steht. Denn daß das WW-Monogramm ebenfalls bereits 1903 entworfen worden war, entnehmen wir einem zeitgenössischen Geschäftspapier der Wiener Werkstätte.

In manchen späteren Reklamen gaben die Künstler der Wiener Werkstätte hingegen manchmal ihrem Hang zum Dekorativen nach (Abb. 39, S. 53) und die alte Forderung nach Undeutbarkeit von Monogrammen scheint in diesen Lösungen ihre späte Entsprechung auch innerhalb der Wiener Werkstätte gefunden zu haben. So beklagte „Seidel's Reklame" im Oktober 1920 (WWAN, Nr. 426): „Von den Wiener Werkstätten sollte man eigentlich nur erstklassiges erwarten. Das hier wiedergegebene Beispiel auf Seite 288 ist es jedoch nicht. Es ist schwer leserlich. Schlagworte dieser Anzeige sind: ‚Neue Modelle – Wiener Werkstätte'. Bei den letzten Worten ist zwar die Bedingung des Auffallens erreicht, aber die übrigen Worte muß man geradezu zusammensuchen. Für diese Anzeige ein gutes Beispiel zu bringen, wäre zu weitführend. Aber besser als dieses Klischee wäre eine einfache gut gesetzte Anzeige mit guter Typeegistrierfähig war das WW-Monogramm 1903 jedenfalls nicht. Doch war offenbar ganz allgemein die Situation hinsichtlich der Monogramm-Marken nicht befriedigend, und zahlreiche Entscheidungen der zuständigen amtlichen Stellen befaßten sich immer wieder mit zweifelhaften Fällen.

Erst die Markenschutznovelle vom 17. März 1913 (RGBl. Nr. 65) sorgte für weitgehende Klärung (Adler-Schulz 1906, Ergänzung 1913, S. 85):

„Art. II. Die Vorschrift des § 3, Punkt 2, kraft welcher die bloß in Zahlen oder Buchstaben bestehenden Warenzeichen von der Registrierung ausgeschlossen sind, wird aufgehoben".

Damit waren klare Richtlinien für die Zukunft gegeben. Natürlich galt weiterhin eine entsprechende Zahl von Einschränkungen, die trotz der vorgenannten Aufhebung die Registrierbarkeit ganz bestimmter Wortmarken unmöglich machten, doch kann es kein Zufall sein, daß noch im selben Jahr (1913) sowohl das WW-Monogramm als auch die Wortmarke WIENER WERKSTÄTTE registriert wurden.

THE REGISTERED TRADE MARKS OF THE WIENER WERKSTÄTTE

The Wiener Werkstätte registered a total of three marks: the stylized flower (known as the Rose Mark), the WW monogram, and the words WIENER WERKSTÄTTE.

The history of these registered trade marks and their renewal, transfer and cancellation has previously been largely disregarded in the relevant literature on the Wiener Werkstätte. Although the so-called Rose Mark frequently appears as the only registered trade mark of the Wiener Werkstätte, this was only the case during the period 1903 to 1913.

Contemporary sources (the tremendous importance of the information in the Vienna Chamber of Commerce's register of marks is particularly emphasized here) make it possible to reconstruct an almost complete picture of the history of the marks used by the Wiener Werkstätte. This is evident from the following chronology:

1903

REGISTRATION OF THE "ROSE MARK" IN THE REGISTER OF MARKS

The registration date for the specimen of the Rose Mark (Fig. 19, p. 32) was 22nd June 1903 at 12.20 in the afternoon (reg. no. 18912, MR volume XXIX, fol. 6415).

Dr. Gotthilf Bamberger, advocate of Landesgerichtsstrasse 18, Vienna I, took the ap-

»KERAMOS«

Wiener Kunſtkeramik und Porzellanmanufaktur A.-G.

Zentralbüro und
Mufterlager:

Wien, I. Hofburg
(Schwarze Adlerstiege)
Fernſprecher R 25-3-41

Unsere Schutzmarken

Ateliers und
Fabrik:

Wien X.
Schleiergaſſe 21
Fernſprecher R 13-303

Oeſt. Poſtſpark.-Kto. 152.637 – Poſtſcheckamt Berlin, Kto. 122.006 – Bankkonto: Oeſt. Kredit-
inſtitut für öffentliche Unternehmungen u. Arbeiten, Wien – Telegr.-Adr.: Keramwerk Wien

Abb. 36. Briefkopf der Firma Keramos, Wien (31. 10. 1932). – Handelskammer, Wien, Zl. 47.743/32

Fig. 36: Letter-heading of the Keramos company, Vienna (31st October 1932). – Chamber of Commerce, Vienna, Zl. 47.743/32

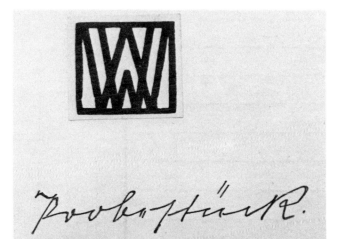

Abb. 37. „Probestück" des WW-Monogramms der Firma Keramos. – Handelskammer Wien, MR Band CXLVI, Reg.-Nr. Wien 112155, unpag.

Fig. 37: Sample of the Keramos company's WW monogram. – Chamber of Commerce, Vienna, MR volume CXLVI, reg. no. Wien 112155, unpaged

Wien 112155. 2. 9. 1932.
Fa. „Keramos" Wiener Kunst-
Keramik und Porzellanmanufak-
tur Aktiengesellschaft, Wien, I.,
Hofburg, Schwarze Adlerstiege.
Waren: Stein- und Tonwaren
aller Art.

Abb. 38. WW-Monogramm, Reg.-Nr. Wien 112155 (2. 9. 1932); Keramos, Wien. – ZMA für das Jahr 1932, Wien 1933, S. 169

Fig. 38: WW monogram, reg. no. Wien 112155 (2nd September 1932); Keramos, Vienna. – ZMA for 1932, Vienna 1933, p. 169

propriate steps for the Wiener Werkstätte, which is described as a craftsmen's production co-operative in Vienna, a registered co-operative with unlimited liability ("Wiener Werkstätte, Produktivgenossenschaft von Kunsthandwerkern in Wien, registrierte Genossenschaft mit unbeschränkter Haftung"), with premises at Heumühlgasse 6, Vienna IV. The designation of the enterprise, its location and the goods for which the mark was to be used are described as being "the pursuance of the trades of goldsmith, silversmith and jeweller, girdler and bronze worker in Vienna; for gold and silver ware, jewellery, leather ware and bronze ware." A note specifies the method of application: "either imprinted on the goods or printed on packaging."

The fact that the time of registration of the mark is noted to the exact minute would have been of great importance in questions of priority. As usual, this was published in the central trade mark gazette (Fig. 22, p. 36).

REGISTRATION OF THE WW MONOGRAM IN AN OVAL AND THE WORDS "WIENER WERKSTÄTTE" WITH THE ASSAY OFFICE

It was apparently also in the year 1903 that a hallmark for the Wiener Werkstätte was registered with the Main Vienna Assay Office too: the WW monogram in an oval frame (Fig. 23, p. 36). We do not know when the words WIENER WERKSTÄTTE (Fig. 27, p. 40) in "block" capitals were registered. The reference to "block" capitals in the register of hallmarks means that the letters are "plain" as opposed to "Roman" (with hooks) (Waltraud Neuwirth, Lexikon Wiener Gold- und Silberschmiede und ihre Punzen 1867- 1922, volume I, Vienna 1976, p. 65).

The first monogram mentioned above (in an oval) is encountered with striking frequency in early Wiener Werkstätte articles of both precious and base metals. For this reason, we may assume that if this monogram occurs we are talking about the early period of the Wiener Werkstätte. Numerous WW monograms are imprinted in the metal plate of the Main Vienna Assay Office (Fig. 24, p. 36), but the one in the oval is the oldest of them, the one to the right of it probably the second oldest.

1913

RENEWAL OF THE "ROSE MARK", FIRST REGISTRATION OF THE WW MONOGRAM AND THE TRADE NAME "WIENER WERKSTÄTTE"

Two entries for the Wiener Werkstätte were made in the Register of Trade Marks (MR volume LXXXII, fol. 19902) on 14th November 1913 ("10:15 a.m.") under two different serial numbers. After expiry of the ten-year copyright period, the Rose Mark was renewed under entry number 58857 and the trade mark "WIENER WERKSTÄTTE" (Fig. 28, p. 40) registered for the first time under entry number 58856. The WW monogram was first registered under entry number 59153 (MR volume LXXXIII, fol. 20001), also on 14th November 1913 at 10:15 a.m. (Fig. 35, p. 48).

All three marks of the Wiener Werkstätte were now applied to a much wider range of products than was the case when the Rose Mark was first registered in 1903 (when it was restricted to metal and leather goods). The Register of Trade Marks (MR volume LXXXII, fol. 19902) mentions the following:

1. Metal goods,
2. Glass, stone and pottery
3. Bone, paper and leather goods
4. Clothing, textiles and millinery

Abb. 39. Reklame der Wiener Werkstätte, 1919, 114 × 89 cm. –
ÖMAK, Inv. K.I. 9410/8

Fig. 39: Advertisement of the Wiener Werkstätte, 1919, 114 ×
89 cm. – ÖMAK, Inv. K.I. 9410/8

This breakdown corresponded to the product groups shown in the "Zentral-Marken-An-zeiger" where the marks registered were depicted (Fig. 28, p. 40 and Fig. 35, p. 48).
In this context, the purpose of the Wiener Werkstätte was specified as "pursuit of the trade of goldsmith, silversmith and jeweller, girdler and bronze worker, dressmaking and fashion design". In other words, the "purpose of the company" was also extended in accordance with the four product groups listed above. It goes without saying, of course, that the address of the Wiener Werkstätte was now given as "Wien, VII, Neustiftgasse 32-34". The enterprise only took premises in Heumühlgasse for a few months.
Whereas to the best of my knowledge the Rose Mark was used mainly for the first group, the trade mark WIENER WERKSTÄTTE (in two lines) was used mainly in the textile branche, but also on certain paper products. It seems remarkable that the word "labels" is found under the column "remarks" beside the WW monogram (MR volume LXXXII, fol. 20001).
The words WIENER WERK STÄTTE arranged in three lines cannot be excluded from any product group. However, I have been unable to find a registered trade mark in this form. My publication "Wiener Werkstätte – Avantgarde, Art Déco, Industrial Design" (Vienna

1984, p. 22) needs to be corrected in that the WW monogram was already registered in November 1913, and not, as specified in my book, in 1914 (it was only published in 1914 in the central trade mark gazette for 1914, Vienna 1915).

1915

REREGISTRATION DUE TO CHANGE OF COMPANY NAME

After the Wiener Werkstätte had changed its name to "Betriebsgesellschaft m.b.H. der Wiener Werkstätte, Produktivgenossenschaft für Gegenstände des Kunstgewerbes", all three marks mentioned so far (the Rose Mark, the WW monogram and the trade mark "WIENER WERKSTÄTTE") were reregistered in this name (on 29th May 1915, on the strength of an announcement in the official gazette published with the "Wiener Zeitung" of 1st April 1914, no. 74). The alterations were entered into the Register of Trade Marks (MR volume LXXXII, fol. 19902).

1923

REREGISTRATION DUE TO CHANGE OF COMPANY NAME

The marks already registered by the Wiener Werkstätte at the time (the Rose Mark, reg. no. 58857, the trade mark WIENER WERKSTÄTTE, reg. no. 58856 and the WW monogram, reg. no. 59153) are mentioned in the "Zentral-Marken-Anzeiger", the journal of registered marks, in 1923 in connection with an alteration of the name of the Wiener Werkstätte. The journal tells us on 4th January 1923 that the company name had been changed to Wiener Werkstätte Gesellschaft mbH., Tegetthoffstrasse 7-9, Vienna I (ZMA for 1923, p. 25; MR volume LXXXII, fol. 19902).

1924

CANCELLATION AND RENEWAL OF THE TRADE NAME WIENER WERKSTÄTTE

Towards the end of 1923 the trade mark mentioned above was cancelled for a short space of time, probably due to a failure to renew the trade mark WIENER WERKSTÄTTE first registered under number 58856 before the required deadline. The cancellation was effected on 14th November 1923 in accordance with § 21 of the Trade Marks Act (ZMA for 1924, p. 94). In the Register of Trade Marks (MR volume LXXXII, fol. 19902) we find a note that application had been made and approved for reregistration due to failure to observe the renewal deadline of 29th March 1924. In the same place there are two further entries renewing these marks (up to 14th November 1933 and 14th November 1943 respectively).

A further registration of the same trade mark (Fig. 29, p. 40 and Fig. 280, p. 234) can be found under serial number 93875 of 24th January 1924 (MR volume CXXVI, unpaged). At this time the Wiener Werkstätte functioned as a limited company with its seat at Tegetthoffstrasse 7-9, Vienna I.

The mark was used for the following products: "bone goods, clothing, fabrics, glassware, leather, metal and paper products, millinery, stone and pottery", and the trade is specified as "goldsmith, silversmith and jeweller, girdler and bronze worker, dressmaking and fashion design" (MR volume CXXXVI, unpaged). Once again, we find the word "labels" under the heading "remarks".

1928

NOTE RELATING TO CHANGE OF ADDRESS

Yet another change of address is recorded in the Register of Trade Marks (MR volume LXXXII, fol. 19902, ZMA for 1928, p. 88). This relates to four (!) serial numbers of marks (nos. 58856, 58857, 59133 and 93875). This is surprising in view of the fact that serial numbers 58856 and 93875 refer to identical marks, apart from the minimal difference that the mark under reg. no. 93875 is embossed slightly in relief.

The address is given as Döblergasse 4, Vienna VII. It is worth mentioning several notes in the Register of Trade Marks referring to the international protection of the WW monogram (MR volume LXXXIII, fol. 20001). These notes relate to refusal to grant international protection in the Netherlands and in Czechoslovakia, though the latter revoked this refusal soon afterwards, and partial refusal in Germany, Cuba and the Dutch East Indies.

1932

THE DISSOLUTION OF THE WIENER WERKSTÄTTE – AFFECT ON REGISTERED TRADEMARKS

Under the Trade Marks Act in force at the time, a company's trade marks ceased to exist along with the company. This must therefore also have applied to the Wiener Werkstätte (deleted from the commercial register in 1939) and its registered trade marks. In actual fact, as far as the continued existence of the trade marks was concerned, this applied only to the so-called Rose Mark (if we ignore its subsequent use on forgeries). The official records note that the entry was deleted in accordance with § 21, lit. b, Trade Marks Act, both for the first serial number 18912 (registered in 1903, MR volume XXIX, fol. 6415) and for the subsequent number 58857 (registered in 1913).

The two other registered trade marks of the Wiener Werkstätte – the trade name WIENER WERKSTÄTTE and the WW monogram – remained in existence In view of the fact that the Wiener Werkstätte had agreed to two applications for restrictions on these marks, it renewed the protection of the WW monogram and the trade name until 1943, bearing in mind these restrictions. Other companies started using these marks for certain groups of products: the WW monogram (the Keramos company for stone and pottery) and the trade name Wiener Werkstätte (the Altmann company for clothing, textiles and furs). Appropriate applications for restriction are contained in the Register of Trade Marks on 20th September 1932 (stone and pottery) and 30th November 1932 (clothing, textiles and millinery)

These applications were approved. On 20th September 1932 the entries "stone and pottery" were deleted for the WW monogram (ZMA for 1932, Vienna 1933, reg. no. Wien 59153, p. 184), followed on 30th November 1932 by the entries "clothing, textiles and furs" (ZMA for 1932, Vienna 1933, reg. no. Wien 59153, p. 255). In the year 1933 the Wiener Werkstätte (in liquidation, but not dissolved) renewed the WW monogram (mark reg. no. 59153, 14th November 1913) (ZMA for 1932, Vienna 1934, p. 146), making it valid for a further ten years (until 1943). The deleted product groups "stone and pottery" and "clothing, textiles and furs" were excluded from this renewal.

USE OF THE TRADE NAME "WIENER WERKSTÄTTE" BY THE ALTMANN COMPANY

The Altmann company secured for itself one of the much sought after Wiener Werkstätte trade marks directly – the precise technical term for this is "transfer". The necessary steps were undertaken by the Viennese patent agent Dr. Alfred Monath on behalf of the Bernhard Altmann company in Vienna (the relevant correspondence is held by the Vienna Chamber of Commerce under serial number Zl. 48.462/32). A letter dated 30th November 1932 from Monath to the Chamber of Commerce, Trade and Industry is particularly interesting in more than one respect, and is therefore quoted below.

"... Bernhard Altmann, of Siebenbrunnengasse 21, Vienna V, encloses a letter from Wiener Werkstätte Gesellschaft m.b.H. in liquidation from which it is apparent that Wiener Werkstätte Gesellschaft m.b.H. in liquidation has transferred its entire fashion department, including Austrian trade marks no. 58 856 and no. 93.875 to Bernhard Altmann of Siebenbrunnengasse 21, Vienna V. It is also apparent from this letter that the abovementioned marks are to be deleted in respect of the product designations 'metal products, glass, stone and pottery, paper, bone and leather products'.

I therefore agree to these trade marks being deleted in respect of the products listed above. I also agree to Austrian trade mark no. 59153 being deleted in respect of the product designations 'clothing, textiles and millinery' and repeat my request that entries to this effect be made in the relevant registers."

From the above quotation it is clear that the Bernhard Altmann company had the trade names WIENER WERKSTÄTTE (reg. no. 58856 and 93875) transferred to it after first securing the consent of the Wiener Werkstätte, which was in liquidation at the time. The transfer applied only to "commission sales of wool and woollen products and factory production of knitted goods" (excerpt from a letter to Monath from the chamber dated 30th December 1932). The applicability of the trade mark was thus considerably restricted compared to its previous use (recorded in MR volume LXXXII, fol. 19902). Further details can be found under trade mark reg. no. 93875 (MR volume CXXVI, unpaged): "The trade mark has been transferred to no. 535/55 in the list of product designations of the Reich Patent Office. 16/41" and "The Reich Patent Office has made the following entry on 9th April 1941: transferred to: Wiener Wollwarenwerke Bagusat & Böhme, Siebenbrunnengasse 21, Vienna V/55. (Z. 16134/41)."

Monath's letter of 30th November 1932 makes it clear that the Wiener Werkstätte had transferred its "entire fashion department, including Austrian trade marks" to the Altmann company. In a manner of speaking this merely completed a logical step, as Altmann had already made certain articles for the Wiener Werkstätte before its dissolution.

The Bernhard Altmann company is mentioned once again in connection with a trade name WIENER WERKSTÄTTE in the year 1943 (ÖMA 1950, p. 163): no. 15056, 14th November 1943 Bernhard Altmann Gesellschaft m.b.H., Siebenbrunnengasse 21, Vienna V; original entry 58856, priority 14th November 1913.

Yet another, slightly different WIENER WERKSTÄTTE trade name (Fig. 32, p. 44) occurs in the Austrian trade mark gazette (1950, p. 225).

THE WW MONOGRAM AS A TRADE MARK OF KERAMOS

The WW monogram was registered by Keramos as its own trade mark in the year 1932 (Figs. 37, 38, p. 51). The relevant correspondence can be found in the Vienna Chamber of Commerce under the number 47743/32. In a letter to the Chamber of Commerce, Trade and Industry dated 19th September 1932, the Wiener Werkstätte agreed to the cancellation of the WW trade mark, though only in respect of the product group "stone and pottery":

"The 'WW' mark is registered for us under no. 59153 in the central trade mark archive in Vienna and internationally under no. 57390 as a trade mark for various groups of products, including 'stone and pottery'.

We hereby declare that we are abandoning the 'WW' mark, which is registered in our name as an Austrian and international trade mark, in respect of the product group 'stone and pottery', though we shall continue to use this trade mark in Austria and internationally for the other product groups . . ."

This application was approved by the chamber and the words "stone and pottery" were deleted from the list of goods for trade mark no. 59153 on 20th September 1932.

In a letter of 31st October 1932 Keramos sent the chamber confirmation from the international trade mark office in Berne that the sum of 30 Swiss francs had been paid for the deletion of international trade mark no. 57.390 belonging to the "Wiener Werkstätte".

The writing paper which Keramos used for this letter already contains the WW monogram in the letter-head (Fig. 36, p. 51) alongside the triangular Keramos trade mark registered on 23rd February 1928 (reg. no. Wien 103081, ZMA for 1928, Vienna 1929, p. 36). Beside it, astonishingly enough, is yet another mark: the monogram EK. The wording "Our Trade Marks" beneath all three marks implies that these were registered trade marks. It has been proved that the first two were actually registered trade marks. The EK monogram, usually considered as the mark of Eduard Klablena, Langenzersdorf, is not found on Keramos writing paper from the year 1928 (Archiv WW, ÖMAK) any more than the WW monogram. A letter from Keramos dated 8th May 1930 still displays the triangular Keramos trade mark, while a letter of 16th March 1932 bears both the EK monogram and the triangular Keramos trade mark. From October 1932 onwards all three Keramos trade marks were regularly used on the company's letter-head (Archiv WW, ÖMAK, letter from Keramos of November 1932). So far I have been unable to trace the registration of the EK monogram for Keramos.

It was not by chance that Keramos used the WW monogram, nor was it used for the first time in 1932. This Viennese ceramics company reproduced numerous models for the Wiener Werkstätte whilst it was still in existence, and stamped the WW monogram on these ceramics quite officially on behalf of the Wiener Werkstätte. There are many examples of this. Many of the so-called KE ceramics (K = "Keramik", E = "Extern"), if not all of them, can be traced back to the manufacturer Keramos (I have already explained the various designations of the Wiener Werkstätte ceramics in my book "Die Keramiken der Wiener Werkstätte", volume 1: "Originalkeramiken 1920-1931", Vienna 1981).

In view of the documentary evidence of the use of the WW monogram by Keramos not only prior to 1932, but also thereafter, it will in future be very difficult to tell when ceramics bearing the Keramos trade marks coupled with the WW monogram were made. An inventory of the Wiener Werkstätte indicates that Keramos had moulds of many Wiener Werkstätte ceramics, and it therefore also seems impossible to differentiate products prior to or after 1932. What is more, the use of the WW monogram by Keramos after 1932 was theoretically not limited exclusively to Wiener Werkstätte models, with the result that Keramos may have put this monogram on other models too. This possibility may result in other pieces being incorrectly attributed to the Wiener Werkstätte.

LEGAL REGULATIONS AND THEIR EFFECT ON THE FORM OF THE WIENER WERKSTÄTTE TRADE MARKS

The following first three paragraphs of the Trade Marks Act of 6th January 1890 (R.G.Bl.Nr. 19, after Adler-Schulz 1906, pp. 364-373, without the authors' comments) are reproduced here in order to give the reader an insight into the legal situation in the year 1903 – the year in which the Rose Mark was registered:

"§ 1. Trade marks in the sense of this law means the particular marks which serve to differentiate certain commercial products and goods from other similar products and goods (symbols, figures, vignettes, etc.).
§ 2. A person wishing to secure sole rights to the use of a mark must register the latter in accordance with the stipulations of the following section.
§ 3. Trade marks which:
    1. contain only likenesses of the emperor or of members of the imperial family;
    2. consist only of national or other public coats of arms, numbers, letters or words;
    3. are generally used to describe certain types of goods in commercial practice;
are precluded from registration, and are therefore not suited for the acquisition of sole rights."

The Rose Mark of the Wiener Werkstätte met the stipulations mentioned above as it could be regarded as a symbol (as already stated, it is not yet known what significance the founders of the Wiener Werkstätte attached to this symbol).
In accordance with § 3, subsection 2 of the Trade Marks Act of 1890 quoted above, trade marks consisting only of letters or words could not at that time be registered. In other words, the law of 1890 did not recognize trade names in the sense in which they were later used.
The amendment of 30th July 1895 to the Trade Marks Act introduced trade names with certain limitations. § 1 of this amendment runs as follows:

"§ 1. The stipulation of § 3, subsection 2 of the law of 6th January 1890 which precludes the registration of trade marks consisting only of words shall apply only to words which contain only details of place, time or type of manufacture, or of the nature, application, or of the price, quantity or weight of the goods." (Adler-Schulz 1906, pp. 471-472).
Numerous decrees which followed the amendment of 1895 regulated the registration of trade marks (and particularly trade names) and are not without significance to the monogram and the trade name (WIENER WERKSTÄTTE) of the Wiener Werkstätte. For example, a decree of 1897 stated that:
"A trade name . . . can acquire the full protection of a trade mark only if it serves as an individualized name to differentiate the goods of one tradesman from all similar goods of other tradesmen" (Adler-Schulz 1906, p. 480).
Further on we find a reference to a decree issued in 1902:
"A trade name whose lexical meaning does not represent a description of quality can only be regarded as such if it is generally used in commerce to describe certain types of goods, but not if this mark is generally used in commerce to designate just the goods of the trade mark owner" (Adler-Schulz 1906, p. 483).
In 1903 the WW monogram in a square frame, reduced as it was to letters and a sur-

round, did not meet the conditions for registration. The same applied to the words WIE-NER WERKSTÄTTE in a square frame, in view of the fact that: "Numbers or letters do not become copyright by being given an uncharacteristic frame or by inserting a punctuation mark between them" (Abel 1908, p. 88). In the same place we find the following remarks on monograms: "Combinations or letters can become copyright if the combination appears to have been formed in a characteristic manner (monograms); mere initials, on the other hand, cannot be registered. (Kent, no. 112, stipulates that monograms can only be copyrighted if the composition of the letter is such that they are no longer perceptible as individual letters. The German patent office is less strict)."

As far as the regulations quoted above are concerned, it is at least remarkable that, as already mentioned, most of the patterns in the 19th century – and even later – frequently consisted of elaborate, scarcely decipherable monograms with which the simple WW monogram contrasts strongly. We know from a contemporary business paper of the Wiener Werkstätte that the WW monogram had already been designed by 1903.

In some later advertising the artists of the Wiener Werkstätte sometimes gave in to their liking for decoration, and the original requirement of the illegibility of monograms (Fig. 39, p. 53) seems to have found a late analogy even in the Wiener Werkstätte in these designs. Thus, in October 1920 "Seidel's Reklame" (WWAN, no. 426) complained: "One should actually expect only first-class things from the Wiener Werkstätte. However, the example reproduced on page 288 does not come up to these expectations. It is difficult to read. The headline of this advertisement reads: 'New Model – Wiener Werkstätte'. Although the last words meet the condition of being eye-catching, one has to work hard to make out the other words. It would go too far to present a good example for this advertisement. But a simple, well typeset advertisement in clear type would be better than this cliché."

At all events, the WW monogram could not be registered in 1903. However, the general situation with regard to monogram trade marks does not appear to have been satisfactory, and countless decisions by the relevant authorities regulated doubtful cases.

It was only the amendment of 1/th March 1913 (RGBl. Nr. 65) to the Trade Marks Act which largely clarified the situation (Adler-Schulz 1906, supplement 1913, p. 85):

"Article II. The stipulation of § 3, subsection 2 precluding trade marks consisting only of numbers or letters from being registered is revoked".

This gave a clear guideline for the future. An appropriate number of restrictions still continued to apply, of course. These made the registration of certain trade names impossible in spite of the revocation of the conditions for registration mentioned above. However, it cannot be mere chance that the WW monogram and the trade name WIENER WERKSTÄTTE were both registered in the same year (1913).

DER FIRMENNAME „WIENER WERKSTÄTTE"

Wegen der Firmenbezeichnung „Wiener Werkstätte" kam es einige Male zu gerichtlichen Auseinandersetzungen, die, wie die folgenden Beispiele beweisen, zu unterschiedlichen Ergebnissen führen konnten. Doch war die Wiener Werkstätte keineswegs immer nur Kläger, sondern manchmal auch Beklagter. Stein des Anstoßes war dabei, daß die Wiener Werkstätte oft nicht den vollen Firmenwortlaut verwendete, sondern ihn auf die zwei Worte „Wiener Werkstätte" reduzierte. Als die „Wiener Werkstätte Produktivgenossenschaft..." in Liquidation und an ihre Stelle die „Betriebsgesellschaft m. b. H. der Wiener Werkstätte..." trat, sah sich der Liquidator Dr. Josef Sokal veranlaßt, am 30. 12. 1914 beim Handelsgericht Anzeige gegen die Betriebsgesellschaft m. b. H. der Wiener Werkstätte zu erstatten (HR C 17/7, fol. 68-69). Sokal wies darauf hin, daß „die Geschäftsschilder der Betriebsgesellschaft der Wiener Werkstätte G. m. b. H. ebenso wie beispielsweise die Fakturen nur den Aufdruck ‚Wiener Werkstätte' tragen. Dadurch entstehen Verwechslungen und Komplikationen die im Interesse der Liquidationsfirma und des Publikums vermieden werden müssen."

Die durch Dr. Alfred Lederer dem Handelsgericht am 3. 2. 1915 übermittelte Stellungnahme der Wiener Werkstätte (HR C 17/7, fol. 72-75) betonte, es "... wurde versucht bei dem k. k. Handelsgerichte in Wien die Protokollierung eines Firmenwortlautes ‚Wiener Werkstätte Gesellschaft m. b. H.' zu erwirken. Da dieser Wortlaut von dem Herrn Vorsitzenden des Firmensenates im Vorhinein abgelehnt wurde, gelangte man einverständlich mit der alten Genossenschaft und deren Vertreter zu dem Auswege, die neue Gesellschaft unter dem Firmenwortlaute ‚Betriebsgesellschaft m. b. H. der Wiener Werkstätte, Produktivgenossenschaft für Gegenstände des Kunstgewerbes' eintragen zu lassen... Da also die alte Genossenschaft seit Februar 1914 in Liquidation ist, keinen Betrieb mehr führt, auch keinen Kundenkreis mehr besitzt, kann von der Möglichkeit einer Irreführung dieses Kundenkreises durch den bestehenden Kopfaufdruck unseres Briefpapieres nicht gesprochen werden."

In einem Beschluß des Handelsgerichts vom 16. 2. 1915 (HR C 17/7, unpag., nach fol. 80) wurde der Wiener Werkstätte verboten, „sich auf Briefpapieren und überhaupt im geschäftlichen Verkehre statt des vollen protokollirten Firmawortlautes der abgekürzten Firma: ‚Wiener Werkstätte, G. m. b. H' zu bedienen...". Gegen diesen Beschluß legte die Wiener Werkstätte am 25. 2. 1915 Rekurs ein, allerdings erfolglos. Am 16. März 1915 bestätigte das K. k. Oberlandesgericht in Wien (HR C 17/7, fol. 81) den Beschluß des Handelsgerichts, und zwar mit der Begründung "... dass der Kaufmann im geschäftlichen Verkehre und insbesondere in seinen Geschäftsbriefen sich nur des vollen Firmawortlautes bedienen darf... dieser Grundsatz muss namentlich dann festgehalten werden, wenn, wie im vorliegenden Falle, eine Verwechslung mit einer ähnlich lautenden Firma zu besorgen...".

Einige Jahre später blieb die Wiener Wäsche-Werkstätte Krieser zwar im gleichen Punkt gegen die Wiener Werkstätte erfolgreich, erlitt aber im Bereich der Markenregistrierung schwere Niederlagen. In einer Anzeige vom 23. 12. 1920 stellte Krieser beim Handelsgericht den Antrag, „gemäss Art. 26 gegen die genannte Firma vorzugehen und sie durch Ordnungsstrafe zum Gebrauche ihrer vollen Firma zu verhalten" (HR C 17/7, fol. 144). Am 1. 2. 1921 untersagte das Handelsgericht mittels Beschlusses (HR C 17/7, unpag., nach fol. 148) der Wiener Werkstätte den Gebrauch des abgekürzten Firmenwortlautes „Wiener Werkstätte". Kurz darauf beantragte die Wiener Werkstätte die Änderung ihres Firmenwortlautes in „Wiener Werkstätte G. m. b. H."; die Kammer für Handel, Gewerbe und Industrie hatte in einer Stellungnahme an das Handelsgerichts (HR C 17/7, fol. 161)

Abb. 40. Wiener Werkstätte G. Resch. – Originalfoto Archiv WW, ÖMAK

Fig. 40: Wiener Werkstätte G. Resch. – Original photograph ÖMAK, Archiv WW

Abb. 41. Wiener Werkstätte G. Resch. – Originalfoto Archiv WW, ÖMAK

Fig. 41. Wiener Werkstätte G. Resch. – Original photograph ÖMAK, Archiv WW

nichts dagegen einzuwenden, sodaß mit 30. 3. 1921 diese Änderung vollzogen wurde (HR C 17/7, fol. 163), eine Änderung, die in früheren Jahren nicht möglich gewesen war. Am 6. 6. 1921 erstattete die Wiener Wäsche-Werkstätte Krieser erneut eine Anzeige wegen des Faktums, daß die Wiener Werkstätte „in der Nummer des Morgens vom 23. Mai 1921 . . . den Firmenwortlaut nicht vollständig in der Annonce angibt, sondern sich nur WIENER WERKSTÄTTE nennt" (HR C 17/7, fol. 164).

Mit 9. 7. 1921 erklärte die Wiener Werkstätte dem Handelsgericht: ". . . Die Firma lautet nunmehr ‚Wiener Werkstätte Gesellschaft m. b. H.' In der beanständeten Annonce fehlt daher lediglich der Zusatz ‚Gesellschaft m. b. H.' . . . wir werden übrigens in Zukunft den Zusatz ‚Gesellschaft m. b. H.' regelmäßig unseren Ankündigungen beifügen." (HR C 17/7, fol. 167). Daraufhin wird der Wiener Werkstätte vom Handelsgericht (HR C 17/7, unpag., nach S. 167) am 15. Juli 1921 erneut der Gebrauch des abgekürzten Firmenwortlautes ‚Wiener Werkstätte' untersagt.

„WIENER WERKSTÄTTE FÜR SILBER= UND METALLARBEITEN G. RESCH"

Immer wieder kam es zu Auseinandersetzungen wegen der Bezeichnung Wiener Werkstätte in verschiedenen Firmennamen.

Im Jahre 1905 führte die Wiener Werkstätte Klage gegen die „Wiener Werkstätte Resch", weil sie sich durch diese Firmenbezeichnung beeinträchtigt fühlte. Vorweggenommen sei, daß die Klage der Wiener Werkstätte abgewiesen wurde.

Im Archiv der Wiener Werkstätte im Österreichischen Museum für angewandte Kunst haben sich noch zwei Fotoplatten erhalten (Abb. 40 und 41; S. 61), die dokumentieren, daß die Worte WIENER WERKSTÄTTE für die Firma G. Resch optisch tatsächlich sehr auffällig in Erscheinung traten.

In der Presse (Oest. Volkszeitung) wird darüber am 22. Februar 1905 berichtet (WWAN 81, Nr. 007):

„Der Streit um den Namen ‚Wiener Werkstätte'. Im Mai 1903 wurde von den Professoren Kolo Moser und Josef Hoffmann im Vereine mit Herrn Fritz Wärndorfer die ‚Wiener Werkstätte, Produktivgenossenschaft von Kunsthandwerkern in Wien' gegründet. Dieses Unternehmen erwarb sich sehr bald in der Kunstwelt einen guten Ruf. Am 5. August wurde vom Inhaber der Firma Albin Denk eine ‚Wiener Werkstätte für Silber= und Metallarbeiten G. Resch' gegründet. Die Produktivgenossenschaft ‚Wiener Werkstätte' fühlte sich durch diese gleichartige Firmenzeichnung beeinträchtigt und erhob gegen die ‚Wiener Werkstätte Resch' durch Dr. Gotthilf Bamberger beim Handelsgerichte die Klage, daß ihr die weitere Firmenzeichnung untersagt werde.

Bei der gestern unter dem Vorsitze des Oberlandesgerichtsrates Dr. Georg Neumann stattgefundenen Verhandlung erklärte Dr. Bamberger, daß er die Klage nur mit Rücksicht auf den Umstand überreicht habe, als im Handelsrechte und im geschäftlichen Verkehre die Gepflogenheit neben dem Gesetze und sogar vor dem Gesetze Beachtung finden müsse. Die Gepflogenheit bringe es aber mit sich, daß die von ihm vertretene Genossenschaft nicht mit ihrem vollen Titel, sondern kurzweg ‚Wiener Werkstätte' genannt wird und sich unter diesem Namen einen internationalen Ruf erworben habe. Der beklagten Firma sei es offenbar nur um die Bezeichnung ‚Wiener Werkstätte' zu tun, denn, wie eine von dem Klagevertreter produzierte Photographie des Firmenschildes der Beklagten zeige, erscheint die Bezeichnung ‚Wiener Werkstätte' in auffallend großen Buchstaben, während der Zusatz für Silber= und Metallarbeiten verhältnismäßig klein ist.

Der Gerichtshof wies die Klage mit der Begründung ab, daß der Artikel 20 des Handelsgesetzes hier nicht Anwendung finde. Die Bezeichnung registrierte Genossenschaft beinhalte schon allein eine deutliche Unterscheidung der beiden Firmen."

Hingewiesen sei hier noch darauf, daß es ab 1913 in Wien eine Firma „Wr. Werkstätte für moderne Beleuchtung Gesellschaft m.b.H." (Geschäftsführer Rudolf Stein) gab, die Luster und Metallwaren erzeugte (Unterlagen im Firmenarchiv der Wiener Handelskammer) und daß die Wiener Werkstätte meines Wissens gegen diese Firma ebensowenig einschritt wie gegen andere ähnliche Firmennamen, etwa die Wiener kunstkeramischen Werkstätten Busch und Ludescher.

„WIENER WERKSTÄTTE" BEI MORITZ SCHWARZ

Der Rechtsanwalt der Wiener Werkstätte, Dr. Otto Hecht, antwortete am 26. November 1930 auf eine Anfrage der Wiener Werkstätte bezüglich der Zahlung einer Gebühr (Korrespondenz Archiv WW, ÖMAK):

„Im Jahre 1927 hat der Kaufmann Moritz Schwarz in der Taborstrasse, Ledertaschen mit der Aufschrift ‚Wiener Werkstätte' zum Verkaufe angeboten. Ich habe deshalb gegen ihn wegen unlauteren Wettbewerbes am 9. November 1927 eine Klage überreicht und gleichzeitig die Erlassung einer einstweiligen Verfügung beantragt, mittels welcher dem Gegner verboten werden sollte, den Namen ‚Wiener Werkstätte' zu gebrauchen.

Die einstweilige Verfügung wurde am 22. November 1927 bewilligt. Am 26. Jänner 1928 fand die mündliche Streitverhandlung statt, in welcher ein Vergleich geschlossen wurde, lt. dessen sich Schwarz verpflichtete, den Namen ‚Wiener Werkstätte' niemals mehr zu missbrauchen u. Ihnen einen Sühnebetrag von S 300.- und die mit S 200.- verglichenen Kosten bezahlen musste. Beide Zahlungen wurden von Schwarz auch geleistet . . ."

Diesem Brief entnehmen wir, daß entgegen früheren Ansichten (vgl. den Fall Resch) die Verwendung der Worte „Wiener Werkstätte" durch Moritz Schwarz nun sehr wohl Grundlage zum Einschreiten gegeben hatten.

„WIENER WERKSTÄTTE" BRÜDER KAINZ

Eine weitere Auseinandersetzung fand statt, als die Firma „Werkstätte für künstlerische Bronzen Brüder Kainz" in Wien VII, Seidengasse 32, ihrem Firmennamen noch das Wort „Wiener" vorsetzte und damit den Unwillen der Wiener Werkstätte erregte.

Der Rechtsanwalt Dr. Otto Hecht berichtete der Wiener Werkstätte am 9. Jänner 1930 vom Stand der Dinge (Korrespondenz Archiv WW, ÖMAK):

„Ich teile Ihnen höfl. mit, dass es mir trotz Schwierigkeiten gelungen ist, den Herrn Kommerzialrat Kainz zu bestimmen, ein Inserat in die Neue Freie Presse zu geben, welches den Tatbestand klar stellt und meiner Ansicht nach aus Reclamegründen für die Wiener Werkstätte bedeutend wichtiger ist als eine eventuelle Verständigung einzelner Kundschaften, deren Durchführung wir nicht kontrollieren können.

Kommerzialrat Kainz hat mir sein grosses und kleines Briefpapier, sowie seine Geschäftskarten übergeben, aus welchen hervorgeht, dass er auf keiner derselben den Untertitel ‚Wiener Werkstätte' führt, sodass es glaubhaft erscheint, dass dieser Titel nur für die Uebersendung der Weihnachtsreclame, also ein einziges Mal, verwendet worden ist. Auch diese Weihnachtsreclamekarten hat mir Kommerzialrat Kainz zum Beweise dafür vorgewiesen, dass er bei dem Namen ‚Wiener Werkstätte' das Wort ‚Wiener' überdrucken liess, sodass der Titel jetzt nur mehr lautet: ‚Werkstätte für künstlerische Bronzen, Brüder Kainz'."

Dem Schreiben vom Dr. Hecht lag eine mit 8. Jänner datierte Information bei, die folgendermaßen lautete:

„Es erscheint Herr Konrad Kainz, Alleininhaber der Firma Brüder Kainz und gibt zum Vergleiche der unter der Zahl 15 Cg 1589/29 beim Handelsgerichte in Wien anhängigen Streitsache zwischen ihm und der Wiener Werkstätte nachfolgende Erklärung ab:

Ich verpflichte mich, in der Sonntagszeitung vom 12. Januar ds.J. der Neuen Freien Presse unter den grösseren Geschäftsanzeigen (nicht im kleinen Anzeiger) nachfolgende Anzeige erscheinen zu lassen:

‚Ich erkläre, dass es mir ferne lag, durch irrtümliche Benützung des Namens der Wiener Werkstätte dieselbe in ihrem Geschäftsbetriebe zu stören. Werkstätte für künstlerische Bronzen, Brüder Kainz'. Gleichzeitig verpflichte ich mich, in Hinkunft den Namen ‚Wiener Werkstätte' in keiner Weise mehr zu benützen.

Gleichzeitig erlege ich die bisher aufgelaufenen Prozesskosten im Betrage von S 87 g 72 und nehme zur Kenntnis, dass die für den 9.I.1930 festgesetzte erste Tagsatzung weder von mir noch von der Wiener Werkstätte besucht wird, sodass in diesem Rechtsstreite das Ruhen des Verfahrens eintritt."

Die erwähnte Anzeige erschien tatsächlich am 12. Jänner in der Neuen Freien Presse, womit die Angelegenheit offenbar erledigt war. Die Firma Kainz sandte einen Beleg dieser Anzeige am 21. Jänner 1930 an die Wiener Werkstätte; der den Brief abschließende Firmenstempel verzichtete ebenfalls auf das Wort „Wiener" vor der eigentlichen Bezeichnung „Werkstätte für künstlerische Bronzen Brüder Kainz".

Den Begriff „Wiener Werkstätte" oder „Wiener Werkstätten" verwendeten weitere Wiener Unternehmen, zwei davon mit markenrechtlicher Absicherung: Die Firma „ANGELA – NEUE WIENER WERKSTÄTTE" (Abb. 42, S. 67), die alle möglichen Waren im Erzeugungsprogramm anführte. Wenig später meldete die Firma Harry Jodlbauer, Wien III, Rennweg 36, für die Klasse 24 (Polstermöbel) eine Marke an, die zwei W und die Worte „Wiener Werkstätten" enthielt (Abb. 43, S. 67).

Weitere Ähnlichkeiten bei Firmennamen und Marken werden sich zweifellos aufzeigen lassen; die voranstehende Aufzählung erhebt keinerlei Anspruch auf Vollständigkeit.

WIENER WERKSTÄTTE AUF ENGLISCH – VIENNA WORKSHOPS, VIENNA ART SHOP, WIENER WERKSTÄTTE OF VIENNA

Die Wiener Werkstätte, heute auch in englischsprachigen Ländern ein Begriff, wurde – als deutscher Ausdruck – für die New Yorker Vertretung der Wiener Werkstätte verwendet. Ob die Bezeichnung VIENNA WORKSHOPS, die sich in einem Stanzenbuch der Wiener Werkstätte befindet (Abb. 9, S. 21), je in Gebrauch war, läßt sich heute kaum mehr nachweisen – ebenso, ob die Bezeichnung VIENNA ART SHOP (Abb. 196, S. 175) als (wenn auch freie) Übersetzung des Firmennamens zu sehen war. Häufig hatten die ausländischen Vertretungen, Filialen oder Niederlassungen bzw. Verkaufsstellen die damals offenbar repräsentativste Wiener Werkstätte-Marke, nämlich das WW-Monogramm, in ihrem Firmensignet. Darauf wird in der Publikation über Schutzmarken (Band II, WW-Monogramm) gesondert eingegangen.

THE NAME "WIENER WERKSTÄTTE"

There were several legal disputes over the use of the name "Wiener Werkstätte", the outcome of which, as the following examples show, varied considerably. However, the Wiener Werkstätte was not always the plaintiff, and was sometimes the defendant. The stumbling block was that the Wiener Werkstätte frequently did not use its full name, reducing it to the two words "Wiener Werkstätte". When "Wiener Werkstätte Produktivgenossenschaft . . ." went into liquidation and its place was taken by "Betriebsgesellschaft m.b.H. der Wiener Werkstätte . . .", the liquidator, Dr. Josef Sokal, felt obliged to bring charges against "Betriebsgesellschaft m.b.H. der Wiener Werkstätte" before the commercial court on 30th December 1914 (HR C 17/7, fol. 68-69). Sokal referred to the fact that "the business plates of 'Betriebsgesellschaft der Wiener Werkstätte G.m.b.H.' and, for example, the invoices only bore the words 'Wiener Werkstätte'. This leads to confusion and complications which must be avoided in the interests of the company in liquidation and the public."

The reply from the Wiener Werkstätte which Dr. Alfred Lederer presented to the commercial court on 3rd February 1915 (HR C 17/7, fol. 72-75) emphasized that ". . . an attempt had been made to have the company name of 'Wiener Werkstätte Gesellschaft m.b.H.' recorded at the royal and imperial commercial court in Vienna. However, as this wording had been rejected out of hand by the chairman of the panel, an agreement had been reached with the old co-operative and its representatives that the new company would be entered under the name of 'Betriebsgesellschaft m.b.H. der Wiener Werkstätte, Produktivgenossenschaft für Gegenstände des Kunstgewerbes' . . . In view of the fact that the old co-operative has been in liquidation since February 1914, is no longer in business, and no longer has any customers, there can be no question of confusing customers by the existing heading on our writing paper."

In an order passed by the commercial court on 16th February 1915 (HR C 17/7, unpaged, after fol. 80), the Wiener Werkstätte was forbidden "to use the abbreviated name 'Wiener Werkstätte, G.m.b.H.' on writing paper and in business dealings instead of the full recorded company name . . .". The Wiener Werkstätte appealed against this order on 25th February 1915, but without success. On 16th March 1915 the royal and imperial high court of Vienna (HR C 17/7, fol. 81) confirmed the order of the commercial court on the grounds that ". . . the businessman may only use the full name of his company in his business dealings, and in particular in his business correspondence. . . . This principle must apply particularly if, as in the present case, there is a danger of being confused with a similarly named company . . .".

Several years later Wiener Wäsche=Werkstätte Krieser was successful on the same point against the Wiener Werkstätte, but suffered severe defeats with regard to the registration of trade marks. In a charge dated 23rd December 1920 Krieser petitioned the commercial court "to initiate proceedings against the said company in accordance with article 26 and to constrain them by means of a fine to use their full company name" (HR C 17/7, fol. 144).

In a court order of 1st February 1921 (HR C 17/7, unpaged, after fol. 148), the commercial court forbade the Wiener Werkstätte the use of the abbreviated company name "Wiener Werkstätte". Shortly afterwards, the Wiener Werkstätte applied to change its official name to "Wiener Werkstätte G.m.b.H."; in a statement to the commercial court (HR C 17/7, fol. 161) the Chamber of Commerce, Industry and Trade expressed no objections, with the result that this change was effected on 30th March 1921 (HR C 17/7, fol. 163). This alteration would not have been possible in previous years.

On 6th June 1921 Wiener Wäsche=Werkstätte Krieser again initiated proceedings in view of the fact that "in the morning issue of 23rd May 1921 . . . (the Wiener Werkstätte) does not give its full name in the advertisement, calling itself only WIENER WERK-STÄTTE instead" (HR C 17/7, fol. 164).

On 9th July 1921 the Wiener Werkstätte explained to the commercial court that ". . . the name of the company is now 'Wiener Werkstätte Gesellschaft m.b.H.'. In the advertisement which has been objected to only the suffix 'Gesellschaft m.b.H.' is missing . . . Incidentally, in future we shall always add the suffix 'Gesellschaft m.b.H.' in our announcements." (HR C 17/7, fol. 167). Thereupon, on 15th July 1921 the commercial court once again forbade the Wiener Werkstätte to use the abbreviated company name 'Wiener Werkstätte' (HR C 17/7, unpaged, after fol. 167).

"WIENER WERKSTÄTTE FÜR SILBER= UND METALLARBEITEN G. RESCH"

Time and time again there were arguments about the use of the term Wiener Werkstätte in various company names.

In the year 1905 the Wiener Werkstätte initiated proceedings against "Wiener Werkstätte Resch" because it felt prejudiced by this company name. However, the Wiener Werkstätte's action was dismissed.

In the archive of the Wiener Werkstätte in the Austrian Museum of Applied Art there are two photographic plates (Figs. 40 and 41, p. 61) which document that the words WIENER WERKSTÄTTE used by the G. Resch company are indeed very conspicuous.

The press (Oesterreichische Volkszeitung) reported on the matter on 22nd February 1905 (WWAN 81, no. 007):

"The dispute over the name 'Wiener Werkstätte'. The 'Wiener Werkstätte Produktivgenossenschaft von Kunsthandwerkern in Wien' was founded in May 1903 by Professors Kolo Moser and Josef Hoffmann in association with Herr Fritz Wärndorfer. This enterprise very soon acquired a good reputation for itself in the world of art. On 5th August a 'Wiener Werkstätte für Silber- und Metallarbeiten G. Resch' was founded by the owner of the company, Albin Denk. The manufacturing co-operative 'Wiener Werkstätte' felt prejudiced by this similar company name and instituted commercial court proceedings against 'Wiener Werkstätte Resch' through Dr. Gotthilf Bamberger to prevent the continued use of the name.

In yesterday's hearing presided over by high court judge Dr. Georg Neumann, Dr. Bamberger explained that he had initiated proceedings only in view of the fact that in commercial law and in business dealings custom must find consideration along with the law, and even before the law. However, custom implied that the co-operative which he represented was not known by its full title, but simply as 'Wiener Werkstätte', and had acquired an international reputation for itself under this name. The defendant company was obviously concerned only about the designation 'Wiener Werkstätte', for, as a photograph of the defendant's name-plate taken by the plaintiff showed, the designation 'Wiener Werkstätte' was in conspicuously large letters, while the suffix 'für Silber- und Metallarbeiten' was comparatively small.

The court rejected the charge on the grounds that article 20 of the Commercial Code did not apply in this instance. The designation 'registered co-operative' by itself was a sufficiently clear differentiation between the two companies."

It is perhaps interesting to note here that from 1913 onwards there was a company called "Wr. Werkstätte für moderne Beleuchtung Gesellschaft m.b.H." (managing direc-

ANGELA – NEUE WIENER WERKSTÄTTE

15. 10. 1968. **Angela Nedwed,** Wien I., Blutg. 3.
Waren:

Abb. 42. Angela – Neue Wiener Werkstätte; Angela Nedwed, Wien I, Blutgasse 3; Markenregistrierung Reg.-Nr. 62877 (Priorität 22. 12. 1967). – ÖMA Jg. 1968, Wien o.J., S. 353

Fig. 42: Angela – Neue Wiener Werkstätte; Angela Nedwed, Vienna I, Blutgasse 3; registered trade mark no. 62877 (priority 22nd December 1967). – ÖMA volume 1968, Vienna, no year, p. 353

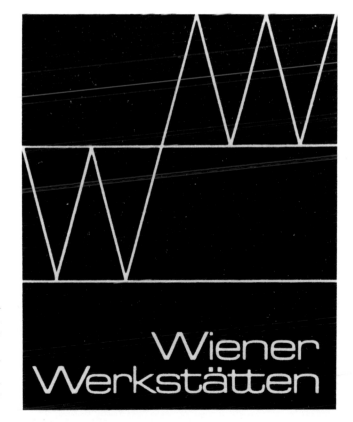

Abb. 43. WW – Wiener Werkstätten; Harry Jodlbauer, Wien III, Rennweg 36. – ÖMA Jg. 1969, Wien o.J., S. 213

Fig. 43: WW – Wiener Werkstätten; Harry Jodlbauer, Vienna III, Rennweg 36. – ÖMA vol. 1969, Vienna, no date, p. 213

tor Rudolf Stein) manufacturing chandeliers and metal goods in Vienna (documents in the companies archive of the Vienna Chamber of Commerce). To the best of my knowledge, the Wiener Werkstätte did not take steps against this company any more than it did against other similarly named enterprises such as "Wiener kunstkeramische Werkstätten Busch und Ludescher".

THE "WIENER WERKSTÄTTE" AND MORITZ SCHWARZ

On 26th November 1930 Dr. Otto Hecht, the Wiener Werkstätte's lawyer, sent a reply to the Wiener Werkstätte regarding the payment of a fee (correspondence WW Archiv, ÖMAK):

"In the year 1927 the merchant Moritz Schwarz offered leather bags for sale on Taborstrasse with the inscription 'Wiener Werkstätte'. On 9th November 1927 I therefore instituted proceedings against him for unfair competition, and at the same time applied for a temporary injunction to prohibit the adversary from using the name 'Wiener Werkstätte'. The temporary injunction was granted on 22nd November 1927. The case was heard on 26th January 1928 and a settlement agreed upon. Under the terms of the settlement, Schwarz undertook never again to misuse the name 'Wiener Werkstätte' and to pay you a fine of S 300 and court costs amounting to S 200. Both payments have already been made by Schwarz . . ."

This letter shows us that, contrary to previous views (cf. the case of Resch), the use of the words "Wiener Werkstätte" by Moritz Schwarz was indeed a reason for instituting legal proceedings.

THE "WIENER WERKSTÄTTE" AND BRÜDER KAINZ

Another dispute took place when the company "Werkstätte für künstlerische Bronzen Brüder Kainz" put the word "Wiener" in front of its name, thus invoking the displeasure of the Wiener Werkstätte. The lawyer Dr. Otto Hecht reported to the Wiener Werkstätte on the situation on 9th January 1930 (correspondence WW Archiv, ÖMAK):

"I beg to inform you that in spite of many difficulties I have managed to persuade Councillor Kainz to place an announcement in the 'Neue Freie Presse' establishing the facts of the situation and which, in my view, is more important for the Wiener Werkstätte for publicity reasons than any information to individual customers, the implementation of which we should be unable to control.

Councillor Kainz has sent me his large and small letter-paper and his business cards, from which it is evident that he does not use the subtitle 'Wiener Werkstätte' on any of them. It therefore seems plausible that this title was used only for the conveyance of the Christmas advertising, in other words only once. Councillor Kainz has also shown me these Christmas advertising cards as proof of the fact that where the name 'Wiener Werkstätte' occurred he had had the word 'Wiener' overprinted, with the result that the title now runs: 'Werkstätte für künstlerische Bronzen Brüder Kainz'."

With his letter, Dr. Hecht enclosed a memorandum dated 8th January which is worded as follows:

"Herr Konrad Kainz, sole owner of the Brüder Kainz company, appears and issues the following statement in settlement of the lawsuit pending between himself and the Wiener Werkstätte under number 15 Cg 1589/29 at the Commercial Court in Vienna:
I undertake to publish the following announcement among the larger business adver-

Wien 71391 bis 71394. 29. 3. 1917.
Fa Wiener Wäsche-Werkstätte Krieser, Wien.
XIII. Linzerstraße 418. Waren: IV: Aufputz-
artikel, Badeanzüge, Bänder, Bekleidungsgegen-
stände aller Art, Blusen, Blusenkleider, Borten,
Chemisetten, Gewebe aller Art, Häubchen,
Jabots, Kragen, Krawatten, Leib-, Bett- und
Tischwäsche, Manschetten, Mädchen-, Frauen-
und Knabenkleider, Mieder, Putzwaren aller
Art, Schlafröcke, Schürzen, Spitzen aller Art,
Stickereien aller Art, Strumpfwaren, Trikotagen,
Unterröcke, Wäschewaren aller Art, Wirkwaren
aller Art.

Abb. 44. Marken der Wiener Wäsche=Werkstätte Krieser,
Reg.-Nrn. Wien 71391-71394 (29. 3. 1917). – ZMA für das Jahr
1917, Wien 1918, S. 214

Fig. 44: Trade marks of Wiener Wäsche=Werkstätte Krieser, reg.
nos. Wien 71391-71394 (29th March 1917). – ZMA for 1917,
Vienna 1918, p. 214

Wien 88309 bis 88312. 26. 10. 1921. Fa. Wiener Wäsche-Werkstätte Krieser, Wien, VII.,
Breitegasse 2. Waren: IV: Aufputzartikel, Badeanzüge, Bänder, Bekleidungsgegenstände aller Art, Blusen,
Blusenkleider, Borten, Chemisetten, Gewebe aller Art, Häubchen, Jabots, Kragen, Krawatten, Leib-, Bett- und
Tischwäsche, Manschetten, Mädchen-, Frauen-
und Knabenkleider, Mieder, Putzwaren aller
Art, Schlafröcke, Schürzen, Spitzen aller Art,
Stickereien aller Art, Strumpfwaren, Trikotagen,
Unterröcke, Wäschewaren aller Art, Wirkwaren
aller Art.

Abb. 45. Marken der Wiener Wäsche=Werkstätte Krieser,
Reg.-Nrn. Wien 88309-88312 (26. 10. 1921). – ZMA für das Jahr
1921, Wien 1922, S. 280

Fig. 45: Trade marks of Wiener Wäsche=Werkstätte Krieser, reg.
nos. Wien 88309-88312 (26th October 1921). – ZMA for 1921,
Vienna 1922, p. 280

tisements (not in the small advertisements) in the Sunday issue on 12th January this year of the 'Neue Freie Presse':

'I hereby declare that I had no intention of disturbing the business dealings of the Wiener Werkstätte by erroneous use of the latter's name. Werkstätte für künstlerische Bronzen, Brüder Kainz'.

At the same time, I undertake not to use the name 'Wiener Werkstätte' in any way whatsoever in future.

At the same time, I agree to pay the court costs incurred to date in the amount of S 87 g 72 and take note that neither I nor the Wiener Werkstätte will attend the first court hearing determined for 9th January 1930, with the result that proceedings in this lawsuit will be suspended."

The above-mentioned announcement did indeed appear on 12th January in the "Neue Freie Presse", apparently bringing this matter to a close. On 21st January 1930 the Kainz company sent a copy of this announcement to the Wiener Werkstätte. The stamp at the end of the letter does not bear the word "Wiener" before the actual name "Werkstätte für künstlerische Bronzen Brüder Kainz" either.

The name "Wiener Werkstätte" or "Wiener Werkstätten" (plural) was used by other Viennese enterprises, two of them with the protection of the law. The company "ANGELA – NEUE WIENER WERKSTÄTTE" (Fig. 42, p. 67) had all sorts of goods in its production range. Some time later the Harry Jodlbauer company, Rennweg 36, Vienna III, registered a trade mark for class 24 (upholstered furniture) which contained two W's and the words "Wiener Werkstätten" (Fig. 43, p. 67).

Other similarities in company names and trade marks could doubtless be described. I certainly cannot claim that the above account is by any means complete.

THE WIENER WERKSTÄTTE IN ENGLISH – VIENNA WORKSHOPS, VIENNA ART SHOP, WIENER WERKSTÄTTE OF VIENNA

Wiener Werkstätte, a familiar name today even in English-speaking countries, was used – in German – for the New York representation of the Wiener Werkstätte. It is no longer possible to prove whether the designation VIENNA WORKSHOPS contained in one of the punch books of the Wiener Werkstätte (Fig. 9, p. 21) was ever used, or whether the term VIENNA ART SHOP (Fig. 196, p. 175) was regarded as a translation of the company's name – albeit a free one. Foreign representations, branches, offices and sales outlets frequently used the WW monogram – apparently the most representative Wiener Werkstätte mark – in their company signets. My publication on trade marks (volume II, WW monogram) will examine this question in more detail.

WW ODER WWW ?
WIENER WERKSTÄTTE ODER WIENER WÄSCHE=WERKSTÄTTE KRIESER

Die Wiener Wäsche=Werkstätte Krieser in Wien wurde am 2. März 1917 ins Handelsregister eingetragen (HR A 34/99). Als Betriebsgegenstand wurde ebendort die „Wäschewaren-Erzeugung" angeführt, als Firmeninhaber Ida Krieser, Wien, als Prokurist Hugo Krieser, Wien, genannt (in dieser Funktion mit Eintragung vom 9. 7. 1918 gelöscht), letzterer ab 1. Juli 1918 als Inhaber der in eine Offene Handelsgesellschaft umgewandelten Firma angegeben. In der Spalte Betriebsgegenstand wird per 7. Juni 1921 „Nunmehr auch der fabriksmäßige Betrieb des Kleidermachergewerbes" eingetragen. Am 17. April 1925 erscheint lapidar der Vermerk „gelöscht". Dieser Löschungsvermerk ist jedoch keineswegs mit der endgültigen Schließung des Unternehmens selbst gleichzusetzen, sondern nur mit einer Änderung der Rechtsform in Verbindung zu bringen.
Aufgrund eines Gesellschaftsvertrages vom 6. Oktober 1924 wurde die Firma am 16. Dezember 1924 als „Wiener Wäsche=Werkstätte Krieser Gesellschaft m.b.H." registriert (HR C 25/20), mit den beiden Geschäftsführern Hugo Krieser (gelöscht 1. 7. 1938) und Alfred Massarek (gelöscht 9. 10. 1925).
In fünf relativ ausführlichen Abschnitten (a bis e) wird im Handelsregister der „Gegenstand des Unternehmens" abgehandelt; ein wichtiger Punkt ist gleich der erste, der sich auf die „Erzeugung von Herren- Damen und Kinderwäsche, Herren-, Damen- und Kinderkleidern, von Konfektionen, Trikotagen und von allen einschlägigen Bedarfsgegenständen der Mode und der Bekleidungsindustrie . . ." bezieht. Mit Eintragung vom 18. Jänner 1929 wird die Gesellschaft als (per 1. 1. 1929) aufgelöst bezeichnet, diese Auflösung mit gleichem Datum (per 1.1.1929) im Sinne des Goldbilanzengesetzes gelöscht und der Gesellschaftsvertrag in den betreffenden Paragraphen geändert (Eintragung im Handelsregister am 29. 11. 1929). Mit Beschluß der Generalversammlung vom 23. Juni 1938 trat die Gesellschaft in Liquidation (Liquidator Dr. Kurt Habicht). Eine Handelsregistereintragung vom 24. 2. 1938 trägt den Vermerk „Firma gelöscht". Diese hier nur knapp dargestellte Firmengeschichte bildet den Hintergrund für eine lebhafte Auseinandersetzung der WWW mit der WW.
Nicht ohne Bedacht hatte Krieser seinen Firmennamen mit drei W ausgestattet, die den Initialen der ersten drei Wörter entsprachen (Wiener Wäsche=Werkstätte). Aus diesen drei W bildete er dann Firmenmarken, die er registrieren ließ und damit das Mißfallen der Wiener Werkstätte umsomehr erregt haben mochte, als er – wie aus den zeitgenössischen Zeitungsartikeln hervorgeht - ehemals Mitarbeiter der Wiener Werkstätte gewesen war. Einige aus vielen Wiener Werkstätte-Inseraten ausgewählte Beispiele, in denen das zweifache W auf vielerlei Art abgewandelt wurde, lassen wegen der unbestreitbaren Verwechslungsgefahr den Einspruch der Wiener Werkstätte gegen Krieser verständlich erscheinen, wiewohl sich dieser Einspruch auf die Wortmarke der Wiener Werkstätte bezog und nicht auf die meines Erachtens viel ähnlicheren Inserate (die allerdings in dieser Form nicht geschützt waren).
Vier Zeichen, in denen jeweils die drei W dominierten, ließ die „Wiener Wäsche=Werkstätte Krieser" am 29. März 1917 um 10 Uhr 5 Minuten zum Markenschutz anmelden (Reg.-Nrn. 71391-71394, Abb. 44, S. 69). Gegen diese Registrierungen erhob die Wiener Werkstätte eine Löschungsklage (MR Band XCIX, fol. 24092-24093), der auch stattgegeben wurde, und eine Löschung der genannten Marken erfolgte am 4. Juni 1918, basierend auf „§ 21, lit. e M.Sch.G. zufolge Erkenntnisses des k.k. Arb. Min. vom 23. Mai 1918, Z. 146913-XXV b/17)".
Eine am 22. Juni 1917 um 10 Uhr 45 Minuten für Krieser registrierte Marke

WIENER~WÄSCHE~WERKSTÄTTE
DIREKTION KRIESER
WIEN · VI · MAGDALENENSTRASSE 17 · IM EIGENEN HAUSE ·
AUSFÜHRUNG PRÄMIIERTER ENTWÜRFE ·
FERNRUF: VI / 531 · POSTSP. KONTO: 158539

Abb. 46. Marke der Wiener Wäsche=Werkstätte Krieser, Reg.-Nr. Wien 72128. – Wiener Handelskammer, MR Band C, fol. 24339, veröffentlicht in: ZMA für das Jahr 1917, Wien 1918, S. 463

Fig. 46: Trade mark of Wiener Wäsche=Werkstätte Krieser, reg. no. Wien 72128. – Chamber of
Commerce, Vienna, MR volume C, fol. 24339, published in: ZMA for 1917, Vienna 1918, p. 463

Abb. 47. Marke der Wiener
Wäsche=Werkstätte Krieser,
Reg.-Nr. Wien 71392. – Wie-
ner Handelskammer, MR
Band XCIX, fol. 24093

Fig. 47: Trade mark of Wiener
Wäsche=Werkstätte Krieser,
reg. no. Wien 71392. – Chamber of Commerce, Vienna,
MR volume XCIX, fol. 24093

Abb. 48. Marke der Wiener
Wäsche=Werkstätte Krieser,
Reg.-Nr. Wien 71393. – Wie-
ner Handelskammer, MR
Band XCIX, fol. 24093

Fig. 48: Trade mark of Wiener
Wäsche=Werkstätte Krieser,
reg. no. Wien 71393. – Chamber of Commerce, Vienna,
MR volume XCIX, fol. 24093

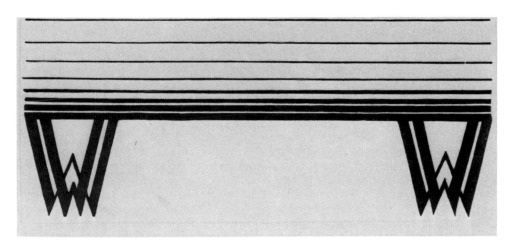

Abb. 49. WW-Monogramme der Wiener Werkstätte. – Archiv WW, ÖMAK

Fig. 49: WW monogram of the Wiener Werkstätte. – Archiv WW, ÖMAK

Abb. 50. Marke der Wiener Wäsche-Werkstätte Krieser, Reg.-Nr. Wien 71391. – Wiener Handelskammer, MR Band XCIX, fol. 24092

Fig. 50: Trade mark of Wiener Wäsche=Werkstätte Krieser, reg. no. Wien 71391. – Chamber of Commerce, Vienna, MR volume XCIX, fol. 24092

Abb. 51. Marke der Wiener Wäsche=Werkstätte Krieser, Reg.-Nr. Wien 71394. – Wiener Handelskammer, MR Band XCIX, fol. 24093

Fig. 52: Trade mark of Wiener Wäsche=Werkstätte Krieser, reg. no. Wien 71394. – Chamber of Commerce, Vienna, MR volume XCIX, fol. 24093

(Reg.-Nr. 72128, MR Band C, fol. 24339) wurde unter denselben Umständen gelöscht (Abb. 46, S. 72).

Von großem Interesse ist die Begründung des K. K. Ministeriums für Öffentliche Arbeiten (Wiener Handelskammer, Zl. 38525/18) für diese Löschungen:

„Wie die geklagte Firma selbst zugibt, kommt die die klägerische Marke Nr. 58856 textlich erschöpfende Bezeichnung ‚Wiener Werkstätte' in ihren angefochtenen Marken in ähnlicher Schrift ausgeführt vor. Diese Bezeichnung bildet nun in allen angefochtenen Marken einen wesentlichen Bestandteil, der im Gesamtbilde der Marken durch deren übrige textliche und dekorative Ausstattung keineswegs in den Hintergrund gedrängt wird, sondern dem Beschauer infolge des Ortes und der Art der Anbringung vor allem in die Augen springt und eine täuschende Aehnlichkeit der angefochtenen Marken mit der klägerischen Marke Nr. 58856 herbeiführt . . so dass der Käufer zweifellos leicht zu der irrigen Ansicht gebracht werden wird, dass die mit den angefochtenen Marken bezeichneten Waren aus dem Unternehmen der Klägerin stammen. Dieser Irrtum wird auch kaum dadurch hintangehalten werden, dass die angefochtenen Marken statt der Wörter ‚Wiener Werkstätte' die Wörter ‚Wiener Wäsche-Werkstätte' aufweisen. Denn der Käufer wird eben glauben, dass es sich um die Wäscheabteilung der ‚Wiener Werkstätte' handelt . . .“

Krieser dachte aber nicht daran aufzugeben. Er meldete am 26. Oktober 1921 eine weitere Serie von Marken zur Registrierung an (Reg.-Nrn. 88309-88312, MR Band CXX, unpag.; Abb. 45, S. 69). Auch bei diesen dominierte das W dreifach in jeweils variierter graphischer Form. Die neuerliche Löschungsklage der Wiener Werkstätte nach § 3 der Markenschutznovelle hatte dasselbe Ergebnis wie 1918, und so wurden auch diese vier Marken aufgrund einer Entscheidung des Bundesministeriums für Handel und Verkehr vom 19. 4. 1924 schließlich am 25. April 1924 gelöscht. Erwähnenswert ist, daß Krieser bereits 1923 gegen die Wiener Werkstätte in bezug auf die Wortmarke WIENER WERKSTÄTTE eine Löschungsklage eingebracht hatte, die abgewiesen wurde: „Löschungsantrag der Wiener Wäsche Werkstätte Kriser. (Z. 23699/23.). Die Klage ist abgewiesen (Z. 41454/24.).“ (Marken-Register Band LXXXII, fol. 19902).

Über diesen Prozeß von 1923/24 ist ebenfalls ein Akt in der Wiener Handelskammer erhalten (Zl. 41454/24). Das Bundesministerium für Handel und Verkehr befaßte sich mit der Einwendung Kriesers, „daß die Marke Nr. 58856 . . . keinerlei unterscheidende Kraft besitze (§ 1 M. Sch. G.) und überdies nur eine Angabe über den Ort der Herstellung der Waren enthalte (§ 1 der Markenschutz-Novelle vom Jahre 1895) überhaupt nicht hätte registriert werden dürfen." Das Ministerium schloß sich dieser Auffassung nicht an, „da wohl das Wort ‚Wiener', nicht aber auch das Wort ‚Werkstätte' eine konkrete, geographische Ortsbezeichnung . . . ausdrückt." Eine Umfrage der Kammer für Handel, Gewerbe und Industrie (heute Handelskammer) ergab, „daß im Registrierungszeitpunkte der genannten Marke die Worte ‚Wiener Werkstätte' als Kennzeichen der Ware der Firma W.W. allgemein bekannt waren. Von den 45 Aeusserungen der Interessenten lauten 37 im Sinne des Kammerbeschlusses, 6 unbestimmt und nur 2 (Gremium der Buchdrucker, Berta Farnhammer) vertreten einen entgegengesetzten Standpunkt.

Durch diese Erhebungen ist mithin in vollkommen einwandfreier Weise erwiesen worden, daß die Worte ‚Wiener Werkstätte' im Zeitpunkt der Registrierung der Marke Nr. 58856 nach der Auffassung der beteiligten Verkehrskreise die Eignung besassen, die Waren der Hinterlegerin von anderen gleichartigen Waren zu unterscheiden. Die Erhebungen lassen erkennen, daß die Hinterlegerin für die Verbreitung des Warenzeichens ‚Wiener Werkstätte' im In- und Auslande in ausgedehntem Ausmasse gesorgt hat, was ja auch von der Firma W.W.W. ausdrücklich zugegeben wird . . . Die Erhebungen lassen somit den sicheren Schluß zu, daß die Worte ‚Wiener Werkstätte' notorisch als

Kennzeichen der Waren der Hinterlegerin bezeichnet werden können.

Die Marke ist gegenwärtig seit mehr als zehn Jahren registriert, ohne von einer anderen Seite eine Anfechtung erfahren zu haben und ohne daß durch ihren Bestand erkennbarer Weise eine Behinderung des Verkehres stattgefunden hätte."

Die Gründe, die das Ministerium für die Löschung der Krieser-Marken in diesem Prozeß angab, entsprachen jenen des Prozesses von 1917/18, auf den das Ministerium auch verwies: „Die Marken, die in diesem Vorprozesse als rechtsunwirksam erklärt wurden, enthielten alle die gleichen wesentlichen Bestandteile wie die nunmehr angefochtenen Marken."

Diese Prozesse fanden nachhaltigen Niederschlag in der zeitgenössischen Presse, deren Artikel im folgenden deshalb ausführlich zitiert seien, da Auseinandersetzungen in markenrechtlichen Fragen selten solche Aufmerksamkeit erregten.

„Der Tag", Wien, berichtete am 4. Juli 1924 (WWAN 83, Nr. 669):

„W.W. kontra W.W.W. / Um einen Firmentitel . . . Die Wiener Werkstätte G.m.b.H. strengte gegen die Firma Wiener Wäsche=Werkstätte Krieser einen Schadenersatzprozeß wegen gesetzwidriger Führung eines täuschenden Firmenwortlautes an und verlangt 800 Millionen Kronen Schadenersatz.

In der Klage wird ausgeführt, der Geklagte Hugo Krieser, ein ehemaliger Angestellter der Wiener Werkstätte, begründete seine Firma im Jahre 1917, nach seinem Austritt aus dem Dienste der Wiener Werkstätte, unter der Firma Wiener Wäsche=Werkstätte in der Absicht, den anerkannt guten Ruf der Wiener Werkstätte auszunützen. Die Absicht, das Publikum über die fälschliche Identität seiner Firma und der Wiener Werkstätte zu täuschen, kommt nicht nur im ähnlichen Firmenwortlaut, sondern auch darin zum Ausdruck, daß Krieser bei allen geschäftlichen Ankündigungen, in Annoncen, auf Geschäftspapieren usw., trotz wiederholter Bestrafung durch das Handelsgericht, den Firmenwortlaut unter Weglassung seines Namens in ‚WWW' gekürzt hatte. Diese Abkürzung ließ er als Schutzmarke eintragen, doch wurde diese Schutzmarke wiederholt gelöscht, was ihn aber nicht hinderte, dieselbe weiter zu benützen.

Der Geklagte bestritt das alleinige Recht der Wiener Werkstätte zur Führung der Firma ‚Wiener Werkstätte', da diese Worte eine ganz allgemeine Bedeutung haben, und keine genügende Unterscheidungskraft besitzen.

Der Vorsitzende verzichtete auf Zeugeneinvernahme und teilte mit, daß das Urteil schriftlich bekanntgegeben werde."

Den Ausgang des Prozesses kommentierte das „Neue Wiener Tagblatt" am 15. 7. (1924?), nicht ohne den Verlust vieler „W" zu bedauern (WWAN 83, Nr. 678):

„(W W oder W W W ?) In der Vorwoche hat in Wien ein Prozeß stattgefunden, der bei aller leidenschaftlicher Erregung, mit der er durchgeführt wurde, des Humors nicht entbehrte. Auf der einen Seite stand als Kläger eine Kunstgewerbefirma, die weltbekannte ‚Wiener Werkstätte', die hauptsächlich von modernen Künstlern entworfene Nippes, Schmucksachen, Keramiken, Tafelgerät, gemusterte Seidenstoffe usw. erzeugt; auf der andern Seite eine Wäschefirma. Leintücher, Hemden, Unterhosen sind ihre, wie sich erwies, vielverkauften Produkte. Und ihr Verbrechen war ein – ‚W'. Während die klägerische Partei seit Jahren mit zwei großen ‚W' ihre Waren versieht, wollte Herr Krieser, der Wäschekünstler, die Wiener Werkstätte übertrumpfen, indem er die zartesten Damendessous mit drei warnenden W.W.W. als Schutzmarke versah. Herr Krieser wurde verurteilt. Es half ihm nichts, daß er darauf hinwies: ein Tischtuch und ein Tafelaufsatz könnten unmöglich miteinander verwechselt werden; ferner: daß zwischen zwei ‚W' und drei ‚W' doch ein erheblicher Unterschied sei. Schade! Wie viele ‚W' gehen dadurch verloren. Und übrig bleibt nur das eine ‚W', das uns jedem anhängt, das auch groß geschrieben wird, weil es ‚Weh' zu schreiben ist."

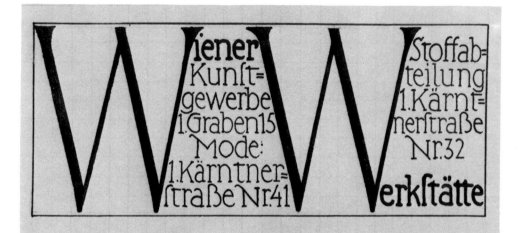

Abb. 52-54

Abb. 55. Marke der Wiener Wäsche=Werkstätte Krieser, Reg.-Nr. Wien 88310. – Wiener Handelskammer, MR Band CXX, unpag.

Fig. 55: Trade mark of Wiener Wäsche=Werkstätte Krieser, reg. no. Wien 88310. – Chamber of Commerce, Vienna, MR volume CXX, unpaged

Abb. 52-54. Inserate der Wiener Werkstätte. – ÖMAK, Inv. WW IR 281

Figs. 52-54: Advertisements by the Wiener Werkstätte. – ÖMAK, Inv. WW IR 281

Abb. 56. Marke der Wiener Wäsche=Werkstätte Krieser, Reg.-Nr. Wien 88312. – Wiener Handelskammer, MR Band CXX, unpag.

Fig. 56: Trade mark of Wiener Wäsche=Werkstätte Krieser, reg. no. Wien 88312. – Vienna Chamber of Commerce, MR volume CXX, unpaged

Abb. 57. Marke der Wiener Wäsche=Werkstätte Krieser, Reg.-Nr. Wien 88309. – Wiener Handelskammer, MR Band CXX, unpag.

Fig. 57: Trade mark of Wiener Wäsche=Werkstätte Krieser, reg. no. Wien 88309. – Chamber of Commerce, Vienna, MR volume CXX, unpaged

Abgesehen von manchen etwas tendenziös scheinenden Ausdrücken wie jenen „von modernen Künstlern entworfenen Nippes" scheint der vorgenannte Artikel das Problem zugunsten eines ironischen Beiklanges doch ungerechtfertigt zu verniedlichen. Natürlich waren Tafelaufsatz und Tischtuch nicht zu verwechseln, jedoch waren Überschneidungen in der Herstellung von Modeartikeln nicht auszuschließen.

Ernsthafter geht „Der Morgen" am 24. Juli 1924 in einem längeren, mit M.E. gezeichneten Beitrag unter dem Titel „WW." auf die aktuelle Problematik ein (WWAN 83, Nr. 679):

„Die ‚Wiener Werkstätte' hat heuer im Frühling ihr zwanzigstes Lebensjahr vollendet. Es war ein stilles Jubiläum. Wir haben in Wien wahrhaftig nicht allzuviele Unternehmungen von ähnlicher Tragweite, und es ist gewiß, daß anderwärts ein solcher Geburtstag die breitesten heimischen Kreise zu festlichen Kundgebungen veranlaßt hätte. In Wien haben Freunde und Feinde geschwiegen. Die Freunde, weil es in Wien nun einmal zu den heiklen Dingen gehört, ein Unternehmen zu rühmen, das trotz seiner anerkannten künstlerischen Ziele nebstbei und notwendigerweise auch Geschäft ist – eine lächerliche Empfindlichkeit in einer Stadt, die sonst die übelsten Verquickungen von Kunst und Gewinn auf jede Weise fördert. Und die Feinde vielleicht deshalb, weil es ihnen zu schwer gefallen wäre, bei diesem Anlaß ihren durch einen zwanzigjährigen Verlauf unseres Kunsthandwerkes widerlegten Irrtum offen einzubekennen. Übrigens hat ja die ‚Wiener Werkstätte' trotz ihres ansehnlichen Alters überall eher eine Heimat gefunden als in Wien.

Jetzt aber machen es zwei aktuelle Ereignisse zur Pflicht, das Versäumnis nachzuholen. Das eine hat sich vor wenigen Tagen im Gerichtssaal abgespielt. Dort erschien als Geklagter der Inhaber der ‚Wiener Wäsche=Werkstätte'. Er war vorher durch mehrere Jahre Angestellter der WW gewesen, und als er davonging, hat er – wohl in dankbarer Erinnerung an die Stätte seiner früheren Wirksamkeit - seiner eigenen Firma das Kennzeichen WWW gegeben. Also ein W mehr. Aber als Schriftkundiger hat er dafür gesorgt, daß diese kleine Veränderung dem Laien nicht allzu stark ins Auge fiel. Er hat nun – wie man sagt – mit seinem treuherzigen, ingeniösen Einfall ein glänzendes Geschäft gemacht. Und nur ein geborener Neidhammel wird ihm das nachtragen, zumal bei diesen miserablen Zeiten. So weit wäre also alles in schönster Ordnung. Doch zum Schluß verdirbt sich der besagte Biedermann alle Sympathien. Denn, nachdem er bisher nur logisch vorgegangen, springt er plötzlich um und erklärt, vor den Richterstuhl zitiert, die Marke ‚Wiener Werkstätte' und ihre Abkürzung WW seien keine eindeutigen, anerkannten Bezeichnungen. Mit Verlaub, mein Herr, das ist inkonsequent. Noch mehr: es ist geradezu undankbar. Denn diese ominösen Zeichen, von denen sie aus einer edlen Neigung nicht los konnten, haben ihnen durch Jahre redlich und wirksam gedient. Und es beweist keinen festen Charakter, gegen einen treuen Diener üble Nachrede vorzubringen.

Dieser Fall wäre nicht besonders interessant, stände er vereinzelt da. Aber er ist leider nur ein Beispiel für viele. Durch die zwanzigjährige Geschichte der ‚Wiener Werkstätte' läuft eine kaum unterbrochene Kette ähnlicher Lumpereien. Vom Tage ihrer Geburt ist sie verlacht, verspottet, bekämpft – und nebstbei aufs gründlichste ausgebeutet worden. Nicht zum wenigsten von ihren eingeschworenen Gegnern. Hier und überall, am meisten aber in Deutschland. Ich erinnere mich an ein Gespräch mit dem Leiter einer führenden deutschen Werkstätte, der es mir frank und frei heraussagt, sein Betrieb überlasse das kostspielige Experimentieren gern dem brüderlichen Wiener Unternehmen und begnüge sich, das Geratene dann nachzuahmen. Die Stoffmuster und Tapeten der WW wurden und werden bis an den Rhein und darüber hinaus durch geringfügige (nur ästhetisch entscheidende) Veränderungen ‚verbessert', d. h. dem bürgerlichen Geschmack mundgerecht gemacht, gewinnbringend industrialisiert und als Massenware à la WW dem unkundigen Publikum kredenzt. Uns bleibt das Nachsehen.

Abb. 58. Marke der Wiener Wäsche=Werkstätte Krieser, Reg.-Nr. Wien 88311. – Wiener Handelskammer, MR Band CXX, unpag.

Fig. 58: Trade marks of Wiener Wäsche=Werkstätte Krieser, reg. no. Wien 88311. – Vienna Chamber of Commerce, MR volume CXX, unpaged

Abb. 59. Inserat der Wiener Werkstätte. – ÖMAK, Inv. WW IR 166

Fig. 59: Advertisement of the Wiener Werkstätte. – ÖMAK, Inv. WW IR 166

Uns. Denn die Wiener Werkstätte ist – man mag sich zu ihr stellen, wie man will – im weltläufigen Urteil das Symbol für die Qualität unseres Handwerkes überhaupt geworden. Sie ist heute einer der wichtigsten Angelegenheiten unseres künstlerischen Rufes und unserer Volkswirtschaft. Wenigstens im grundsätzlichen Sinne. Deshalb muß sie und mit ihr, was sonst moderne Edelarbeit betreibt, mit allen Mitteln vor Verfälschung geschützt werden. Es ist ein unhaltbarer Zustand, daß die internationalen Gesetze dem Wiener Erfinder eines neuen Foxtrotts auch in Amerika die Tantiemen und den Schutz vor Nachahmung sichern, während – um nur ein besonders tragisches Beispiel zu nennen – die Hinterlassenschaft des jung verstorbenen Peche der schamlosesten Ausnützung allerorten ausgesetzt bleibt. Die Maßnahmen gegen den unlauteren Wettbewerb reichen hier nicht aus.

Sie haben vielleicht niemals eine bessere Gelegenheit gehabt, um auf zweckdienliche Gedanken zu kommen. Denn – und damit berühre ich das zweite Ereignis von aktuellem Belang – die große Pariser Ausstellung steht vor der Tür. In allen Wiener Werkstätten wird seit Monaten eifrig gearbeitet, damit das österreichische Handwerk im nächsten Frühjahr den Wettbewerb mit der Edelarbeit der anderen Völker in Ehren bestehen kann. Dort wird auch die W W, die den Hauptteil der Aufgabe trägt, die Nacheifer ihres in Wien verschwiegenen Geburtstages feiern können. Vielleicht begeben sich unsere rechtskundigen Fachleute dorthin, um an Ort und Stelle zu erforschen, wie weit das Übel um sich gegriffen hat, das die Herren von der Klasse der WWW angerichtet haben. Und bringen uns dann ein schlaues, praktikables Gesetz für den kunsthandwerklichen Markenschutz mit. Es wäre nach so vielen Unterlassungen endlich eine befreiende Tat."

Wie notwendig eine klare Trennung der mit dem Begriff „Wiener Werkstätte" kokettierenden Firmen von der Wiener Werkstätte selbst damals schon gewesen wäre, zeigt ein Zeitungsinserat (WWAN 83, Nr. 666), das folgendermaßen lautet:

„Provinzversand. Wiener Werkstättenmöbel, alle Sorten vorrätig, Qualitätsware. Möbelhaus Neubauhof, Wien, 7. Bez., Neubaug. 65, Gründungsjahr 1871". Wurden von diesem Möbelhaus tatsächlich die in der Wiener Werkstätte angefertigten Möbel verkauft, wie der Begriff „Wiener Werkstättenmöbel" implizieren würde?

Das Urteil gegen die Wiener Wäsche=Werkstätte Krieser fiel eindeutig aus und wird durch die Höhe des zu leistenden Schadenersatzes dem verurteilten Unternehmen keine geringen Schwierigkeiten verursacht haben. Dem mit 3. Juli 1924 datierten Urteil folgte gegen Ende desselben Jahres die Umwandlung der Firma in eine Gesellschaft mit beschränkter Haftung, was wohl kein Zufall war.

Der Abdruck des Urteils in der „Neuen Freien Presse" vom 11. 9. 1924 wird nachfolgend auszugsweise wiedergegeben (WWAN 84, Nr. 745):

„. . . 1. Die beklagte Firma ist schuldig, die Benützung der Firma ‚Wiener Wäsche=Werkstätte' ohne den unterscheidenden Beisatz ‚Krieser' in geschäftlichen Ankündigungen jeder Art sowie im Geschäftsverkehr überhaupt – bei sonstiger Exekution – zu unterlassen.

2. Die beklagte Firma ist schuldig, die den unvollständigen Firmenwortlaut ‚Wiener Wäsche=Werkstätte' ohne den Beisatz ‚Krieser' aufweisenden Firmatafeln . . . innerhalb vierzehn Tagen, bei sonstiger Exekution, zu beseitigen.

3. Die beklagte Firma ist schuldig, die Benützung der im Markenregister Wien unter Nr. 88309 bis 88312 eingetragen gewesenen Marken auf Briefpapier, Rechnungen, Ankündigungen, Emballagen, in Auslagen sowie überhaupt im geschäftlichen Verkehr, bei sonstiger Exekution, zu unterlassen.

4. Die beklagte Firma ist schuldig, der klagenden Firma an Schadenersatz den Betrag von 25,000.000 K. und als Vergütung für erlittene Kränkungen oder andere persönliche Nachteile den Betrag von 25,000.000 K. binnen 14 Tagen, bei sonstiger Exekution, zu

bezahlen.

5. Die beklagte Firma ist schuldig, der klagenden Firma die mit Ausschluß der besonders zu bestimmenden Erkenntnisgebühr auf 12,577.000 K. bestimmten Kosten dieses
Rechtsstreites binnen 14 Tagen, bei sonstiger Exekution, zu ersetzen.

6. Mit dem Mehrbegehren an Schadenersatz per 475,000.000 Kronen und an Vergütung
für erlittene Kränkungen oder andere persönliche Nachteile per 275,000.000 K. wird die
Klage abgewiesen . . ."

WW OR WWW?
WIENER WERKSTÄTTE OR WIENER WÄSCHE=WERKSTÄTTE KRIESER

The Wiener Wäsche=Werkstätte Krieser was recorded in the Vienna Commercial Register on 2nd March 1917 (HR A 34/99). The purpose of the company is specified there as
the production of underwear, Ida Krieser, Vienna, being named as owner and Hugo
Krieser, Vienna, as signatory (relieved of this function by the entry of 9th July 1918). With
effect from 1st July 1918, the latter is given as the owner of the company after it had
been transformed into a general partnership. The entry "Also the industrial manufacturing of clothing" was made on 7th June 1921 in the column "purpose of the company".
On 27th April 1925 we find the terse remark "deleted". However, this deletion cannot be
equated with the final winding-up of the company itself, but only with an alteration in its
legal form.

On 16th December 1924 the company was registered as "Wiener Wäsche=Werkstätte
Krieser Gesellschaft m.b.H." on the strength of its articles of association of 6th October
1924 (HR C 25/20). The managing directors are given as Hugo Krieser (deleted on 1st
July 1938) and Alfred Massarek (deleted 9th October 1925).

The purpose of the company is specified in five comparatively detailed sections (a to e)
in the Commercial Register. The first point is an important one, referring to the "manufacture of gentlemen's, ladies' and children's underwear, gentlemen's, ladies' and children's clothing, off-the-peg clothing, knitwear and all relevant accessories of the fashion
and clothing industry . . .". An entry made on 18th January 1929 describes the company
as having been liquidated with effect from 1st January 1929. This liquidation was deleted
on the same date (1st January 1929) under the Gold Balances Act, and the relevant paragraphs in the articles of association changed (entry in the Commercial Register on 29th
November 1929). The company went into liquidation on the basis of a resolution passed
by the general meeting of 23rd June 1938 (liquidator Dr. Kurt Habicht). An entry in the
Commercial Register dated 24th February 1938 notes "Company deleted".

The company history briefly outlined above forms the background for a lively con-
troversy between the WWW and the WW.

It was not without reason that Krieser chose a company name with three W's corre-
sponding to the initial letters of the first three words of the name (Wiener
Wäsche=Werkstätte). He then designed trade marks around these three W's, which he
had registered. This must have invoked the displeasure of the Wiener Werkstätte, all the
more so because – as contemporary newspaper articles relate – he was a former employee of the Wiener Werkstätte. Several selected examples from advertisements of the
Wiener Werkstätte in which the double W appears in various configurations make the
Wiener Werkstätte's claim against Krieser seem understandable, although this claim referred to the trade name of the Wiener Werkstätte and not to the advertisements, which
in my opinion are much more similar (though not legally protected in this form).

Four trade marks dominated by the three W's were submitted by "Wiener Wäsche=Werkstätte" as registered trade marks on 29th March 1917 at 10:05 a.m. (reg. nos. 71391-71394, Fig. 44, p. 69). The Wiener Werkstätte sued for cancellation of these registrations (MR volume XCIX, fol. 24092-24093), and won. The trade marks mentioned above were deleted on 4th June 1918 on the basis of § 21, subsection e of the Trade Marks Act.

Yet another trade mark registered for Krieser on 22nd June 1917 at 10:45 a.m. (reg. no. 72128, MR volume C, fol. 24339) was cancelled under the same circumstances (Fig. 46, p. 72).

The grounds given by the "Royal and Imperial Ministry of Public Works" for these cancellations are of particular interest (Vienna Chamber of Commerce, Zl. 38525/18):

"As the defendant company itself admits, the designation 'Wiener Werkstätte' which is the plaintiff's registered trade name no. 58856 appears in similar lettering in the contested trade marks. This designation forms an important part of all the disputed marks and certainly does not take second place to other textual and decorative features in the overall impression of the trade mark. On the contrary, due to its positioning and execution it is particularly conspicuous to the observer and results in a deceptive similarity between the contested trade marks and the plaintiff's trade mark no. 58856. . . . As a result, the buyer could easily be given the mistaken impression that goods marked with the contested trade marks came from the plaintiff's company. This error is scarcely eliminated either by the fact that the contested marks bear the words 'Wiener Wäsche=Werkstätte' instead of the words 'Wiener Werkstätte', as the buyer might believe that this referred to the underwear department of the 'Wiener Werkstätte' . . ."

However, it did not occur to Krieser to give up. On 26th October 1921 he registered another series of trade marks (reg. nos. 88309-88312, MR volume CXX, unpaged; Fig. 45, p. 69). These trade marks, too, are dominated by the triple W in various graphic forms. The renewed proceedings instituted by the Wiener Werkstätte under § 3 of the amendment to the Trade Marks Act to have the new trade marks deleted had the same result as in 1918. Thus these four trade marks were also finally deleted on 25th April 1924 on the basis of a decision reached by the Ministry of Commerce and Transport on 19th April 1924. It is worth mentioning that Krieser brought an action against the Wiener Werkstätte over the trade name WIENER WERKSTÄTTE as early as 1923, though the case was dismissed: "Annulment proceedings of Wiener Wäsche Werkstätte Kriser. (Z. 23699/23). The case is dismissed (Z. 41454/24)" (MR volume LXXXII, fol. 19902).

A file in the Vienna Chamber of Commerce also deals with these proceedings of 1923/24 (Zl. 41454/24). The Ministry of Commerce and Transport also considered Krieser's objection "that trade mark no. 58856 . . . contains no distinctive feature (§ 1, Trade Marks Act) and furthermore only specifies the place of manufacture of the goods (§ 1, 1895 amendmend to Trade Marks Act) and should never have been allowed to be registered". The ministry did not share this view "as although the word 'Wiener' expresses a concrete geographical place name, . . . the word 'Werkstätte' does not." A survey carried out by the Chamber of Commerce, Trade and Industry (today's Chamber of Commerce) showed that "at the time of registration of the said trade marks the words 'Wiener Werkstätte' were generally familiar as a mark for goods of the W.W. company. Of 45 statements made by interested parties, 37 concur with the decision of the chamber, 6 were unspecified, and only 2 (federation of printers, Berta Farnhamer) represent a different point of view.

These enquiries have thus proved quite clearly that at the time of registration of trade mark no. 58856 in the view of the business circles involved the words 'Wiener Werkstätte' had the ability to differentiate the registered owner's goods from other similar goods. The enquiries show that the registered owner has taken extensive measures to ensure the spread of the trade mark 'Wiener Werkstätte' in Austria and abroad, a fact which is also expressly admitted by the W.W.W. company. . . . The enquiries thus lead to the certain conclusion that the words 'Wiener Werkstätte' can be described as a commonly familiar mark for the goods of the registered owner.

At the present time the trade mark has been registered for more than ten years without having been disputed by a third party and without its existence having noticeably impaired business dealings".

The reasons given by the ministry for the annulment of Krieser's trade marks in this case corresponded to those of the proceedings of 1917/18, to which the ministry also referred: "The trade marks which were declared to be legally invalid in these previous proceedings contain all the same major features as the trade marks now contested".

The proceedings were extensively reported in the contemporary press, and several articles are therefore quoted in detail below, as disputes over trade mark rights awoke considerable interest.

On 4th July 1924 "Der Tag", Vienna, reported as follows (WWAN 83, no. 669):

"W.W. versus W.W.W. / About a company name . . . Wiener Werkstätte G.m.b.H. is suing Wiener Wäsche=Werkstätte Krieser for damages for the illegal use of a deceptive company name and is claiming damages of 800 million crowns.

It is claimed that the defendant Hugo Krieser, a former employee of the Wiener Werkstätte, founded his own company in 1917 after leaving the services of the Wiener Werkstätte. He named his company Wiener Wäsche=Werkstätte with the intention of exploiting the good reputation of the Wiener Werkstätte. The intent to deceive the public by wrongly identifying his company with the Wiener Werkstätte is evident not only in the similar company name, but also in the fact that in all business announcements, in advertisements, on business papers, etc. Krieser abbreviated the name of his company to 'WWW', leaving out his name. This despite repeated fines imposed by the Commercial Court. He had this abbreviation registered as a trade mark, but this trade mark has repeatedly been annulled, though this did not stop him from continuing to use it.

The defendant disputes the sole right of the Wiener Werkstätte to use the company name 'Wiener Werkstätte' in view of the fact that these words have a quite general meaning and are not sufficiently distinctive.

The presiding judge declined to hear witnesses and announced that the judgement would be given in writing".

The outcome of these proceedings is reported in the "Neues Wiener Tagblatt" on 15th July (1924?), not without regretting the loss of many "W's" (WWAN 83, no. 678):

"(W W or W W W ?) A court case was fought in Vienna last week which was not without humour, for all the ardent excitement with which it was waged. On the one hand the defendant was a handicraft company, the world famous 'Wiener Werkstätte', which produces mainly knick-knacks, jewellery, ceramics, tableware, patterned silks, etc. designed by modern artists, on the other a clothing company. Linen, shirts and underwear are its products, which, it transpired, sell very well. And its crime was a 'W'. Whereas the plaintiff company has marked its goods with two large 'W's' for years, Herr Krieser, the clothing artist, wanted to outdo the Wiener Werkstätte by giving the most delicate ladies' underwear three warning W.W.W. as a trade mark. Herr Krieser was sentenced. It did not help him to claim that a table-cloth and a centre-piece could never be mistaken for one another, or that there was a considerable difference between two W's and three W's. What a pity! How many W's this will cost! And all that's left is a single W which is capitalized in lamentation!"

Apart from a few somewhat tendentious expressions such as "knick- knacks designed by modern artists", the article quoted above seems to belittle the problem by adopting an ironic note. Of course it would be impossible to mistake a centre-piece for a table-cloth, but there may still have been discrepancies in the production of fashion.

In a lengthy article signed M.E. and printed on 24th July 1924, "Der Morgen" takes a more serious look at the problem under the headline "WW." (WWAN 83, no. 679):

"This spring the 'Wiener Werkstätte' celebrated its twentieth anniversary. It was a quiet jubilee. We really do not have such a lot of enterprises in Vienna of similar importance, and it is certain that elsewhere such a birthday would have given rise to widespread celebrations. In Vienna friend and foe alike remained silent. The friends because in Vienna it is a delicate matter to speak highly of an enterprise which, despite its acknow-ledged artistic objectives, is necessarily also a business – a ridiculous delicacy in a city which otherwise promotes the vilest combinations of art and profit in every possible manner. And the enemies perhaps because it would have been too difficult to use this occasion to admit openly their error, which has been refuted by twenty years of handi-crafts. Incidentally, in spite of its respectable age the Wiener Werkstätte has found a wel-come everywhere except Vienna.

Now two current events oblige us to make good this omission.

The first took place a few days ago in a court room. The defendant called was the owner of the 'Wiener Wäsche=Werkstätte'. He had previously been an employee of the WW for several years, and when he left – probably in grateful memory of the place of his former employment – he gave his own company the distinguishing mark WWW. One W more, in other words. However, as a lettering expert he took care to ensure that this minor alter-ation would not be too conspicuous to the layman. He then proceeded – so they say – to make good business with his ingenuous, ingenious idea. And only a born begrudger would hold that against him, particularly in these miserable times. So far, then, every-thing was in perfect order. But finally the aforementioned Honest John managed to lose every sympathy. After having proceeded logically thus far, he suddenly made an about-face and declared, before the judge, that the trade name 'Wiener Werkstätte' and the abbreviation thereof WW were not unique, accepted designations. That, Sir, is inconsist-ent. And that is not all: it is downright ungrateful. For these ominous characters which he was unable to part with due to a noble attachment to them have served him honestly and effectively for years. And it is not a sign of good character to bring a faithful servant into disrepute.

This case would not be particularly interesting if it were the only one. But unfortunately it is only one example of many. Throughout the twenty year history of the 'Wiener Werk-stätte' there has been an almost uninterrupted chain of similar shabby tricks. From the day of its birth it has been laughed at, ridiculed, combatted – and also thoroughly ex-ploited. Not least by its sworn opponents. Here and everywhere, but most of all in Germany. I remember a conversation with the head of a leading German workshop who told me quite frankly and openly that his concern left costly experimentation to the brotherly Viennese enterprise, he himself being content to imitate whatever turned out well. As far as the Rhine and beyond, the textile patterns and wallpapers of the WW were and are 'improved' by slight alterations (only aesthetic ones, of course) so as to make them acceptable to bourgeois tastes, profitably industrialized and served up to an ignorant public as WW products. And all we can do is look on.

We. For whichever way you look at it, in the eyes of the world the Wiener Werkstäte has become a symbol for the quality of our handiwork. Today it is one of the most important contributors to our artistic reputation and our national economy. In a fundamental sense, at least. That is why it, and with it every other enterprise engaged in modern high class work must be protected from adulteration by every means. It is an untenable situ-ation in which international laws ensure the Viennese inventor of a new foxtrot of royalties

Abb. 60. Bertold Löffler, Entwurf für die Firma Wiener Keramik von Bertold Löffler und Michael Powolny, Reproduktion aus: Rudolf v. Larisch, Beispiele künstlerischer Schrift, 3. Serie, Wien 1906, Taf. XXII

Fig. 60: Bertold Löffler, design for the Wiener Keramik company by Bertold Löffler and Michael Powolny, reproduction from: Rudolf v. Larisch, Beispiele künstlerischer Schrift, 3rd series, Vienna 1906, plate XXII

Abb. 61. Briefkopf der Firma Vereinigte Wiener und Gmundner Keramik, 27. 11. 1915. – Archiv ÖMAK, Nr. 674/1915

Fig. 61: Letter-heading of Vereinigte Wiener und Gmundner Keramik, 27th November 1915. – ÖMAK archive, no. 674/1915

Abb. 62. Marken der Vereinigten Wiener und Gmundner Keramik, Reg.-Nrn. Linz 5210-5211 (2. 5. 1913). – ZMA für das Jahr 1913, Wien 1914, S. 747

Fig. 62: Trade marks of Vereinigte Wiener und Gmundner Keramik, reg. nos. Linz 5210-5211 (2nd May 1913). – ZMA for 1913, Vienna 1914, p. 747

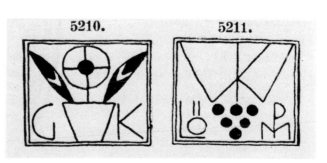

Abb. 63. Inserat der Firma Wiener kunstkeramische Werkstätten, in: XLVI. Ausstellung der Vereinigung bildender Künstler Österreichs, Secession, Wien 1914

Fig. 63: Advertisement of Wiener kunstkeramische Werkstätten, in: 46th Exhibition of the Austrian Federation of Fine Artists, Secession, Vienna 1914

even in America and protect him against imitation while on the other hand – to mention a particularly tragic example – the heritage of the young Peche is exposed to shameful exploitation everywhere. The measures against unfair competition are not sufficient in such cases.

There has perhaps never been a better opportunity for expedient reflection. For – and this brings me to the second event of current interest – the great Paris exhibition is imminent. In workshops all over Vienna, people have been working industriously for months to enable Austrian handicrafts to compete honourably with the first class work of other nations. There the WW, which will bear the main part of the burden, will be able to celebrate belatedly the birthday which was passed over in Vienna. Perhaps our legal experts will go there to see for themselves the extent of the evil that has been done by gentlemen of the calibre of the WWW. And then bring us a cunning, practicable law for the protection of handicraft trade marks. This would be a discharging deed after so many omissions".

A newspaper advertisement shows how necessary it was even then to ensure a distinct differentiation between companies toying with the name "Wiener Werkstätte" and the Wiener Werkstätte itself (WWAN 83, no. 666). The text of the advertisement runs as follows:

"Despatched to the provinces. Wiener Werkstätte furniture, all varieties in stock, quality goods. Möbelhaus Neubauhof, Neubaugasse 65, Vienna 7, founded 1871". Did this furniture store really sell furniture manufactured by the Wiener Werkstätte, as the term "Wiener Werkstätte furniture" would imply?

The judgement against Wiener Wäsche=Werkstätte Krieser was unmistakable, and in view of the amount of compensation that had to be paid must have caused no small difficulty. The judgement of 3rd July 1924 was followed at the end of that very year by the conversion of the company into a limited company, certainly not a coincidence.

86

Abb. 64. Briefkopf der Firma Wiener kunstkeramische Werkstätten, 4. 6. 1915. – Archiv ÖMAK, Nr. 301/1915

Fig. 64: Letter-heading of Wiener kunstkeramische Werkstätten, 4th June 1915. – ÖMAK archive, no. 301/1915

Abb. 65. Briefkopf der Firma Wiener kunstkeramische Werkstätten, 3. 11. 1916. – Archiv ÖMAK, Nr. 614/1916

Fig. 65: Letter-heading of Wiener kunstkeramische Werkstätten, 3rd November 1916. – ÖMAK archive, no. 614/1916

Excerpts from the judgement published in the "Neue Freie Presse" on 11th September 1924 are reproduced below (WWAN 84, no. 745):

". . . 1. The defendant company is bound on pain of distress not to use the name 'Wiener Wäsche=Werkstätte' without the distinguishing suffix 'Krieser' in business announcements of all kinds and in all business dealings.

2. The defendant company is bound on pain of distress to remove within fourteen days the company name plates bearing the incomplete name 'Wiener Wäsche=Werkstätte' without the suffix 'Krieser' . . ."

Abb. 66. Briefkopf der Wiener Mosaik-Werkstätte Leopold Forstner, Wien, 30. 8. 1908. – Archiv ÖMAK, Nr. 481/1908

Fig. 66: Letter-heading of Wiener Mosaik-Werkstätte Leopold Forstner, Vienna, 30th August 1908. – ÖMAK archive, no. 481/1908

Abb. 67. Geschäftszeichen der Wiener Mosaik-Werkstätte Leopold Forstner, Wien, Detail aus Abb. 66

Fig. 67: Business logo of Wiener Mosaik-Werkstätte Leopold Forstner, Vienna, cf. Fig. 66

Abb. 68. Firmensignet aus Abb. 70

Fig. 68: Company signet from Fig. 70

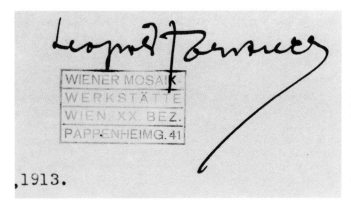

Abb. 69. Schriftzug Leopold Forstners und Stempel der Wiener Mosaik-Werkstätte, Wien, 10. 5. 1913. – Archiv ÖMAK, Nr. 431/1913

Fig. 69: Lettering of Leopold Forstner and stamp of Wiener Mosaik-Werkstätte, Vienna, 10th May 1913. – ÖMAK archive, no. 431/1913

WIENER MOSAIK~WERKSTÄTTE UND GLASMALEREI
AKAD. MALER LEOPOLD FORSTNER
Ö.W.B.   D.W.B.
XX. PAPPENHEIMGASSE 41
FERNSPRECHER 44.557
IN STOCKERAU: EIGENE GLASHÜTTE FÜR MOSAIKSTEINE

BETRIFFT:	WIEN, AM

Abb. 70. Briefkopf der Wiener Mosaik-Werkstätte und Glasmalerei, Wien, 7. 7. 1915. – Archiv ÖMAK, Nr. 384/1915

Fig. 70: Letter-heading of Wiener Mosaik-Werkstätte und Glasmalerei, Vienna, 7th July 1915. – ÖMAK archive, no. 384/1915

Abb. 71. Maria Likarz, Inserat für die „Wiener Modell-Werkstätte", 11 × 11,9 cm. – ÖMAK, Inv. WWGG 636 b

Fig. 71: Maria Likarz, advertisement for the "Wiener Modell-Werkstätte", 11 × 11.9 cm. – ÖMAK, Inv. WWGG 636 b

Abb. 72. Signet der Firma Max Welz, Ausschnitt aus Abb. 73

Fig. 72: Signet of Max Welz company, detail from Fig. 73

VERWECHSLUNGSFÄHIGE UND ÄHNLICHE FIRMENMARKEN

Immer wieder stiften Firmenbezeichnungen, die jener der Wiener Werkstätte ähneln, Verwirrung – die Verwechslungsgefahr beschränkte sich aber nicht nur auf die Firmennamen, sondern betraf auch die Marken, deren Erscheinungsbild sich den von der Wiener Werkstätte geführten Zeichen oft sehr annäherte. Darüber hinaus tragen der Bekanntheitsgrad der Wiener Werkstätte und der hohe Handelswert ihrer Erzeugnisse das Ihre dazu bei, daß selbst Markenbilder, die jenen der Wiener Werkstätte nur sehr entfernt ähneln – dazu zählen alle, die ein W in irgendeiner Form enthalten – der Wiener Werkstätte zugeschrieben werden. Wenn Marken nur undeutlich lesbar sind (etwa bei verschlagenen Metallmarken), kann, wie ich in meinen Sprechstunden am Österreichischen Museum für angewandte Kunst oft erfahre, die Identifizierungslust mancher Besucher sehr beharrlich sein.

Bis heute wird manchmal das WK-Monogramm (Abb. 60, S. 85) der von Michael Powolny und Bertold Löffler gegründeten Firma „Wiener Keramik" der Wiener Werkstätte zugerechnet; ähnliches widerfährt dem WKW bzw. dem WKKW der Firma „Wiener kunstkeramische Werkstätten Busch & Ludescher"; seltener identifiziert man das KW der Keramischen Werkgenossenschaft mit der Wiener Werkstätte.

Bei der „Wiener Keramik" ist die Verwechslungsgefahr vor allem deshalb erklärlich, da die beiden Unternehmen – Wiener Keramik und Wiener Werkstätte – eng zusammenar-

90

Abb. 73. Drucksache der Firma Max Welz; 12,1 × 15 cm (äußere Linienrahmung). – ÖMAK, Inv. WWGG 625 b

Fig. 73: Printed paper of Max Welz company; 12.1 × 15 cm (outer border). – ÖMAK, Inv. WWGG 625 b

beiteten (z. B. bei Innenausstattungen wie jener des Cabarets Fledermaus in Wien oder des Palais Stoclet in Brüssel) und außerdem die Arbeiten der Wiener Keramik durch die Wiener Werkstätte verkauft wurden.

Die (nicht registrierte) Marke bestand aus einem Monogramm WK (= Wiener Keramik) mit einer Art stilisierten Traube, häufig begleitet von den Monogrammen der entwerfenden Künstler (MP = Michael Powolny, Lö oder BLö = Bertold Löffler, AK = Anton Klieber usw.). Nach der Fusionierung mit der Gmundner Keramik wurden ab 1913 häufig die Monogramme WK (Wiener Keramik) und GK mit Blume (Gmundner Keramik) auf ein- und dasselbe Objekt gestempelt (Abb. 61, 62; S. 85), dazu kam oft das Zeichen des Künstlers, der das Modell entworfen hatte. Die Marken der Vereinigten Wiener und Gmundner Keramik waren unter den Reg.-Nrn. Linz 5210 und 5211 am 2. 5. 1913 registriert worden.

Manchmal wurde das Objekt zusätzlich noch mit dem Kennzeichen des Malers versehen, der eine Keramik bemalte – „staffierte", wie im 18. Jahrhundert die keramische Fachbezeichnung dafür üblicherweise hieß. Eingestempelte Modellnummern ergänzten die Kennzeichnung einer solchen Keramik.

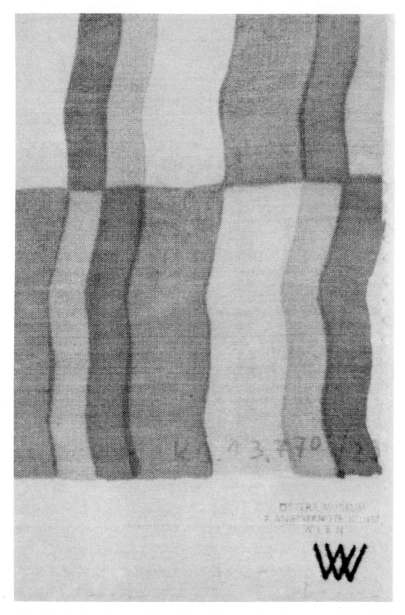

Abb. 74. Stoffmuster der Wiener Werkstätte mit dem Monogramm VW; 14,3 × 9,2 cm. – ÖMAK, Inv. K.I. 13770/23

Fig. 74: Fabric pattern of the Wiener Werkstätte with monogram VW; 14.3 × 9.2 cm. – ÖMAK, Inv. K.I. 13770/23

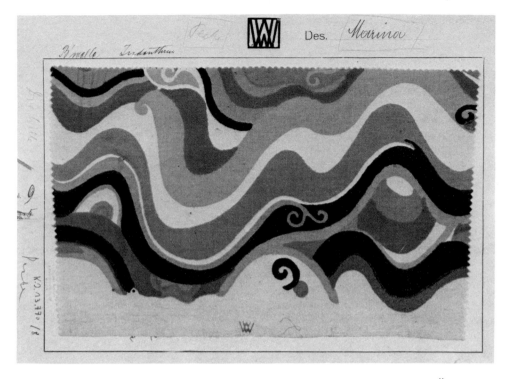

Abb. 75. Dagobert Peche, Stoffmuster „Marina", Wiener Werkstätte; 17,4 × 26 cm. – ÖMAK, Inv. K.I. 13770/8

Fig. 75: Dagobert Peche, "Marina" fabric pattern, Wiener Werkstätte; 17.4 × 26 cm. – ÖMAK, Inv. K.I. 13770/8

Die Wiener kunstkeramischen Werkstätten Busch & Ludescher gingen, wie wir wissen (Waltraud Neuwirth, Wiener Keramik, Braunschweig 1974, S. 384-303), aus der keramischen Fabrik der Firma Förster hervor. Auf einem Briefkopf der Firma sind zwei Marken (Abb. 65, S. 87) zu sehen: die an die Förster-Marke erinnernde Rundmarke mit Biene sowie das mit Wiener Werkstätte-Marken so gerne verwechselte, aus zwei W und zwei K bestehende Zeichen. Im Handelsregister wurde die Firma als „Wiener kunstkeramische Werkstätten Busch & Ludescher" am 22. Mai 1908 eingetragen (HR A 8/215) mit dem Betriebsgegenstand „Fabrikation und Handel mit kunstkeramischen Gegenständen". Die Rechtsform war seit 15. Mai 1908 eine Offene Handelsgesellschaft mit den Gesellschaftern Heinrich Ludescher und Robert Busch, beide Wien. Da mit 15. Jänner 1909 der Austritt des Gesellschafters Heinrich Ludescher vermerkt wird, war Robert Busch ab diesem Zeitpunkt Alleininhaber.
Am 24. November 1930 wurde das Ausgleichsverfahren über die Firma eröffnet. Die Firmenlöschung selbst wurde infolge Betriebseinstellung mit 22. November 1940 im Handelsregister eingetragen. Über eine eventuelle Produktion der Firma während des Ausgleichsverfahrens bzw. später ist nichts bekannt geworden, sie ist allerdings auch nicht zur Gänze auszuschließen.
Die Worte „Wiener" und „Werkstätte" sind noch in anderen Firmennamen enthalten, ohne daß sich daraus eine Verwechslungsgefahr ableitete: die Wiener Mosaik-Werk-

stätte von Leopold Forstner (Abb. 66-70, S. 88-89) war in einzelnen Fällen an denselben Projekten wie die Wiener Werkstätte beteiligt (wie an dem bereits erwähnten Palais Stoclet in Brüssel), und auch bei Forstners Firmensignets dominieren die Buchstaben W und M, zu denen das rahmende G (für Glasmalerei) kam (Abb. 70, S. 89).

Wie aus einer von Maria Likarz entworfenen Geschäftskarte hervorgeht, setzt sich das Signet der „Wiener Modell-Werkstätte" von Grete Merklinghaus (Abb. 71, S. 89) ebenfalls aus den Buchstaben W und M zusammen, wenn auch in Kleinschrift, und aus den Initialen von Max Welz entstand dessen Firmenmonogramm (Abb. 72, 73; S. 90, 91).

Erwähnenswert ist die Kombination von V und W auf Stoffen vor allem deshalb, weil sie teilweise auf Wiener Werkstätte-Musterkarten vorkommen (Abb. 74, 75; S. 92, 93). Ob dieses VW- Monogramm, das dem WW-Monogramm sehr ähnelt, mit der Firma Wilhelm Vogel in Chemnitz, die für die Wiener Werkstätte arbeitete, zu identifizieren ist, läßt sich zwar vermuten, nicht aber mit Gewißheit sagen.

Auch ein auf Keramiken häufig vorkommendes, bisher noch nicht gedeutetes Zeichen, bei dem zwei übereinander angeordnete W von zwei spiegelbildlich angeordneten K gerahmt werden, bringt man von Zeit zu Zeit mit der Wiener Werkstätte in Zusammenhang. Es entspringt natürlich einem gewissen Wunschdenken, alle ein W enthaltenden Marken in die Nähe der Wiener Werkstätte zu rücken. Wie stark die Assoziationen jeder Marke, die ein WW-Monogramm enthält, mit der Wiener Werkstätte sind, beweist eine Metallschale mit Glaseinsatz (Abb. 76, S. 95). Sie trägt unter dem Mundrand der Metallschale eine Marke (Abb. 77, S. 95), die neben den Buchstaben IK(?) oben auch ein WW (unten) enthält. Dieses Objekt sei nur als Beleg für mißverständliche Deutungen genannt. Metallobjekte ähnlicher Ausführung, meist unsigniert, sind inzwischen in größerer Zahl aufgetreten; es ist nicht auszuschließen, daß sie nachträglich mit WW-ähnlichen Marken signiert wurden bzw. werden.

Eine Marke WWS (Abb. 71, S. 98) wird vom Zentral-Marken- Anzeiger für das Jahr 1932 (Wien 1933, S. 243) abgebildet – sie betrifft eine Metallwarenfirma.

Die Buchstaben WMW werden zu einer Marke für die „Wiener Metallwerk GesmbH" zusammengefügt (ZMA für das Jahr 1921, Wien 1922, S. 18) und wenig später mit Sternchen ergänzt (ZMA für das Jahr 1921, Wien 1922, S. 255). Da gerade bei Metallobjekten eine Verwechslungsgefahr verschiedenster Kennzeichnungen mit Wiener-Werkstätte-Marken besteht, sei die Firmengeschichte der Wiener Metallwerk GesmbH kurz gestreift. Durch die Handelsregistervermerke sind wir über dieses Firma relativ gut informiert.

Basierend auf einem Gesellschaftsvertrag vom 27. September 1920 wurde die „Wiener Metallwerk Gesellschaft m.b.H." am 3. November 1920 unter Nr. 40/1 ins Wiener Handelsregister eingetragen (HR C 46/119).In der Spalte „Gegenstand des Unternehmens" sind angegeben:

„a) Der Ankauf, die Verarbeitung und die Veredlung von Metallen,
b) die fabriksmäßige Erzeugung aller Arten von Waren aus Metall, insbesondere die Erzeugung von Wiener Metallgalanteriewaren, . . ."

Solche Erzeugnisse könnten, mit einer Marke versehen, die jenen der Wiener Werkstätte ähnelte, mit Erzeugnissen der Wiener Werkstätte verwechselt werden.

Am 22. Februar 1927 scheint bereits die „Wiener Metallwerk Gesellschaft m. b. H. in Liquidation" auf (Liquidator Alexander Fritz Schüller), am 21. Dezember 1927 wird die Firma gelöscht.

Weitere Marken, die schon des öfteren irrtümlicherweise zur Annahme geführt haben, sie stünden mit der Wiener Werkstätte in Zusammenhang, sind in den Abbildungen 78-88 (S. 97) und 90-102 (S. 99) wiedergegeben.

Abb. 76. Metallschale mit Glaseinsatz, ungedeutete Marke s. Abb. 77; Höhe 8,5 cm (mit Glas), Durchmesser oben: 18 cm. – Galerie in der Stallburggasse, Sonja Reisch, Wien

Fig. 76: Metal bowl with glass insert, unexplained mark cf. Fig. 77; height 8.5 cm (with glass), diameter at top: 18 cm. – Galerie in der Stallburggasse, Sonja Reisch, Vienna

Abb. 77. Marke der Metallschale mit Glaseinsatz Abb. 76

Fig. 77: Mark of the metal bowl with glass insert of Fig. 76

CONFUSING AND SIMILAR TRADE MARKS

Time and time again company names similar to that of the Wiener Werkstätte caused confusion. However, the danger of confusion was not limited only to company names, but also to their trade marks, which were often very similar to the trade marks used by the Wiener Werkstätte. Over and above this, the familiarity of the Wiener Werkstätte and the commercial value of its products also meant that even trade marks which were only very remotely similar to those of the Wiener Werkstätte – and that included all those containing a W in any form – were also attributed to the Wiener Werkstätte. As I know from my consultations at the Austrian Museum of Applied Art, many a visitor is especially keen to identify a piece which has poorly legible marks, such as worn metal marks. To this day the WK monogram (Fig. 60, p. 85) used by the "Wiener Keramik" company founded by Michael Powolny and Bertold Löffler is sometimes attributed to the Wiener Werkstätte. The same thing applies to the WKW and WKKW monograms of the company "Wiener kunstkeramische Werkstätten Busch & Ludescher". The KW monogram of the Keramische Werkgenossenschaft is not equated with the Wiener Werkstätte as frequently.

The danger of confusing "Wiener Keramik" with the Wiener Werkstätte is understandable in view of the fact that both companies – Wiener Keramik and Wiener Werkstätte – worked very closely together (e.g. on interior furnishings such as those of the Fledermaus Cabaret in Vienna or Palais Stoclet in Brussels). Wiener Keramik products were also sold by the Wiener Werkstätte.

The trade mark – which was not registered before 1913 – consisted of the monogram WK (= Wiener Keramik) with a sort of stylized bunch of grapes, often accompanied by the monograms of the designing artists (MP = Michael Powolny, Lö or Blö = Bertold Löffler, AK = Anton Klieber, etc.). After its amalgamation with Gmundner Keramik, from 1913 onwards the monograms WK (Wiener Keramik) and GK with a flower (Gmundner Keramik) were often stamped on one and the same object (Figs. 61, 62, p. 85). To these was often added the mark of the artist who had designed the model. The marks of the Vereinigte Wiener und Gmundner Keramik were recorded under reg. nos. Linz 5210 and 5211 on 2nd May 1913.

Sometimes objects were also given the mark of the painter who decorated the ceramics. The marking of such ceramics was completed by a model number stamped into the surface prior to firing.

We know that Wiener kunstkeramische Werkstätten Busch & Ludescher developed from the ceramics factory of the Förster company (Waltraud Neuwirth, Wiener Keramik, Braunschweig 1974, pp. 384-393). There are two marks on one of the company's letterheadings (Fig. 65, p. 87): the circular mark with a bee, reminiscent of the Förster mark, and the mark consisting of two W's and two K's which is so often confused with the marks of the Wiener Werkstätte. The company is recorded in the Commercial Register on 22nd May 1908 as "Wiener kunstkeramische Werkstätten Busch und Ludescher" (HR A 8/215), the purpose of the company being described as "the fabrication and marketing of artistic ceramic objects". From 15th May 1908 onwards the legal form of the company was a general partnership, and the partners were Heinrich Ludescher and Robert Busch, both of Vienna. The resignation of partner Heinrich Ludescher is recorded on 15th January 1909, which left Robert Busch as sole proprietor from this time on.

Composition proceedings were instituted against the company on 24th November 1930. The winding-up of the company itself was recorded on 22nd November 1940 after production ceased. Nothing is known about any production by the company during the

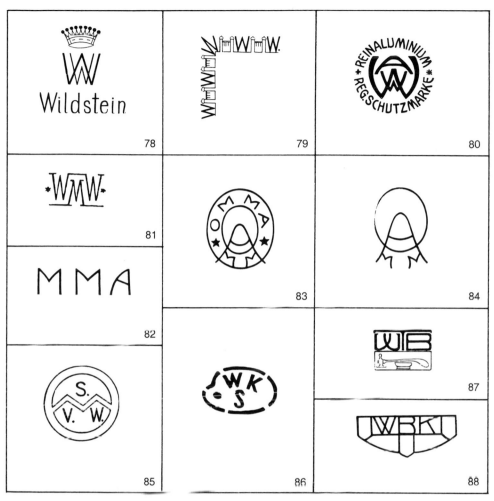

Abb. 78. Marke Reg.-Nr. Eger 1851 (9. 9. 1910), Wildsteiner Ton- u. Chamottewaaren-Fabrik. – ZMA für das Jahr 1910, Wien 1911, S. 1364

Fig. 78: Registered trade mark no. Eger 1851 (9th September 1910), Wildsteiner Ton- u. Chamottewaaren-Fabrik. – ZMA for 1910, Vienna 1911, p. 1364

Abb. 79. Marke Reg.-Nr. Prag 9234 (20. 11. 1915), Waldes & Co., Metallwarenfabrik, Vrsovič. – ZMA für das Jahr 1915, Wien 1916, S. 942

Fig. 79: Registered trade mark no. Prag 9234 (20th November 1915), Waldes & Co., Metall-warenfabrik, Vrsovič. – ZMA for 1916, Vienna 1916, p. 942

Abb. 80. Marke Reg.-Nr. Wien 51328 (24. 4. 1912), Wiener Aluminiumwarenfabrik. – ZMA für das Jahr 1912, Wien 1913, S. 557

Fig. 80: Registered trade mark no. Wien 51328 (24th April 1912), Wiener Aluminiumwa-renfabrik. – ZMA for 1912, Vienna 1913, p. 557

Abb. 81. Marke Reg.-Nr. Wien 88062 (24. 9. 1921); Wiener Metallwerk Gesellschaft m.b.H., Wien. – ZMA für das Jahr 1921, Wien 1922, S. 255

Fig. 81: Registered trade mark no. Wien 88062 (24th September 1921), Wiener Metall-werk Gesellschaft m.b.H., Vienna. – ZMA for 1921, Vienna 1922, p. 255

Abb. 82. Marke Reg.-Nr. Wien 48955 (24. 10. 1911), Philipp Kohn, Wien. – ZMA für das Jahr 1911, Wien 1912, S. 1406

Fig. 82: Registered trade mark no. Wien 48955 (24th October 1911); Philipp Kohn, Vienna. – ZMA for 1911, Vienna 1912, p. 1406

Abb. 83. Marke Reg.-Nr. Wien 48954 (24. 10. 1911), Philipp Kohn, Wien. – ZMA für das Jahr 1911, Wien 1912, S. 1406

Fig. 83: Registered trade mark no. Wien 48954 (24th October 1911); Philipp Kohn, Vienna. – ZMA for 1911, Vienna 1912, p. 1406

Abb. 84. Marke Reg.-Nr. Wien 48953 (24. 10. 1911), Philipp Kohn, Wien. – ZMA für das Jahr 1911, Wien 1912, S. 1406

Fig. 84: Registered trade mark no. Wien 48953 (24th October 1911); Philipp Kohn, Vienna. – ZMA for 1911, Vienna 1912, p. 1406

Abb. 85. Marke Reg.-Nr. Wien 48004; Reichhold, Flügger & Boecking, Stadlauer Lackfabrik, Wien. – ZMA für das Jahr 1911, Wien 1912, S. 947

Fig. 85: Registered trade mark no. Wien 48004; Reichhold, Flügger & Boecking, Stadlauer Lackfabrik, Vienna. – ZMA for 1911, Vienna 1912, p. 947

Abb. 86. Marke Reg.-Nr. Wien 59960 (17. 1. 1914), Friedr. Wolfrum & Co., Wien. – ZMA für das Jahr 1914, Wien 1915, S. 32

Fig. 86: Registered trade mark no. Wien 59960 (17th January 1914); Friedr. Wolfrum & Co., Vienna. – ZMA for 1914, Vienna 1915, p. 32

Abb. 87. Marke Reg.-Nr. Wien 49424 (27. 11. 1911), Franz Hölzenbein, Wien. – ZMA für das Jahr 1911, Wien 1912, S. 1549

Fig. 87: Registered trade mark no. Wien 49424 (27th November 1911); Franz Hölzenbein, Vienna. – ZMA for 1911, Vienna 1912, p. 1549

Abb. 88. Marke Reg.-Nr. Wien 49425 (27. 11. 1911), Franz Hölzenbein, Wien. – ZMA für das Jahr 1911, Wien 1912, S. 1549

Fig. 88: Registered trade mark no. Wien 49425 (27th November 1911); Franz Hölzenbein, Vienna. – ZMA for 1911, Vienna 1912, p. 1549

Abb. 89. Marke Reg.-Nr. Wien 112741, Walter Klepner, Wien. – ZMA für das Jahr 1932, Wien 1933, S. 243

Fig. 89: Registered trade mark no. Wien 112741; Walter Klepner, Vienna. – ZMA for 1932, Vienna 1933, p. 243

Abb. 90. Marke Reg.-Nr. Prag 9232 (15. 11. 1915), Waldes & Co., Metallwarenfabrik, Vrsovič. – ZMA für das Jahr 1915, Wien 1916, S. 941

Fig. 90: Registered trade mark no. Prag 9232 (15th November 1915); Waldes & Co., Metallwarenfabrik, Vrsovič. – ZMA for 1915, Vienna 1916, p. 941

Abb. 91. Marke Reg.-Nr. Prag 8667, Waldes & Co., Metallwarenfabrik, Vrsovič. – ZMA für das Jahr 1914, Wien 1915, S. 1918

Fig. 91: Registered trade mark no. Prag 8667; Waldes & Co., Metallwarenfabrik, Vrsovič. – ZMA for 1914, Vienna 1915, p. 1918

Abb. 92. Marke Reg.-Nr. Wien 39290, Wiktorin & Co., Wien. – ZMA für das Jahr 1909, Wien 1910, S. 993

Fig. 92: Registered trade mark no. Wien 39290; Wiktorin & Co., Vienna. – ZMA for 1909, Vienna 1910, p. 993

Abb. 93. Marke Reg.-Nr. Wien 56259, Blau & Co., Wien. – ZMA für das Jahr 1913, Wien 1914, S. 537

Fig. 93: Registered trade mark no. Wien 56259; Blau & Co., Vienna. – ZMA for 1913, Vienna 1914, p. 537

Abb. 94. Marke Reg.-Nr. Prag 9213, Waldes & Co., Metallwarenfabrik, Vrsovič. – ZMA für das Jahr 1915, Wien 1916, S. 866

Fig. 94: Registered trade mark no. Prag 9213; Waldes & Co., Metallwarenfabrik, Vrsovič. – ZMA for 1915, Vienna 1916, p. 866

Abb. 95. Marke Reg.-Nr. Wien 51513, Wiener Eisenindustrie-Gesellschaft m.b.H. – ZMA für das Jahr 1912, Wien 1913, S. 968

Fig. 95: Registered trade mark no. Wien 51513, Wiener Eisenindustrie-Gesellschaft. – ZMA for 1912, Vienna 1913, p. 968

Abb. 96. Marke Reg.-Nr. Prag 7959, Waldes & Co., Vrsovič. – ZMA für das Jahr 1913, Wien 1914, S. 1288

Fig. 96: Registered trade mark no. Prag 7959; Waldes & Co., Vrsovič. – ZMA for 1913, Vienna 1914, p. 1288

Abb. 97. Marke Reg.-Nr. Wien 72743, Max Masser & Co., Wien. – ZMA für das Jahr 1917, Wien 1918, S. 638

Fig. 97: Registered trade mark no. Wien 72743; Max Masser & Co., Vien na. – ZMA for 1917, Vienna 1918, p. 638

Abb. 98. Marke Reg.-Nr. Wien 61998, Wiener Waffenfabrik Gesellschaft m.b.H. – ZMA für das Jahr 1914, Wien 1915, S. 1058

Fig. 98: Registered trade mark no. Wien 61998; Wiener Waffenfabrik Gesellschaft m.b.H. – ZMA for 1914, Vienna 1915, p. 1058

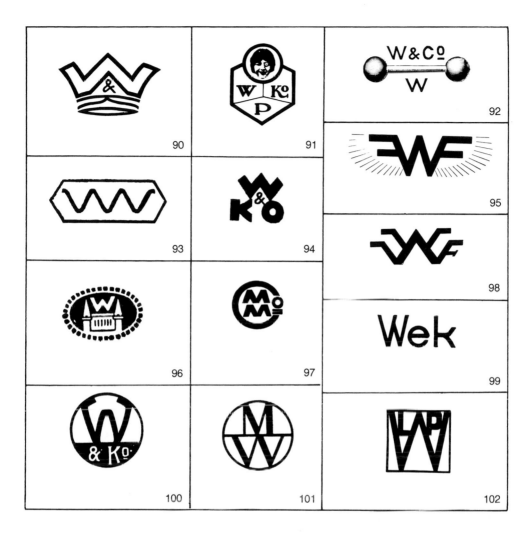

Abb. 99. Marke Reg.-Nr. Prag 8643, Waldes & Co., Metallwarenfabrik, Vrsovič. – ZMA für das Jahr 1914, Wien 1915, S. 1215

Fig. 99: Registered trade mark no. Prag 8643; Waldes & Co., Metallwarenfabrik, Vrsovič. – ZMA for 1914, Vienna 1915, p. 1215

Abb. 100. Marke Reg.-Nr. Prag 3615, Waldes & Co., Metallwarenfabrik, Vrsovič. – ZMA für das Jahr 1908, Wien 1909, S. 2

Fig. 100: Registered trade mark no. Prag 3615; Waldes & Co., Metallwarenfabrik, Vrsovič. – ZMA for 1908, Vienna 1909, p. 2

Abb. 101. Marke Reg.-Nr. Wien 55368, Mannesmannerröhren-Werke, Düsseldorf. – ZMA für das Jahr 1913, Wien 1914, S. 332

Fig. 101: Registered trade mark no. Wien 55368; Mannesmannerröhren-Werke, Düsseldorf. – ZMA for 1913, Vienna 1914, p. 332

Abb. 102. Marke Reg. Nr. Wien 76035, Langbein-Pfanhauser Werke, Gesellschaft m.b.H., Wien. – ZMA für das Jahr 1918, Wien 1919, S. 870

Fig. 102: Registered trade mark no. Wien 76035; Langbein- Pfanhauser Werke, Gesellschaft m.b.H., Vienna, – ZMA for 1918, Vienna 1919, p. 870

composition proceedings or thereafter, but this possibility cannot be entirely excluded. The words "Wiener" and "Werkstätte" are contained in other company names, too, but did not entail the danger of confusion: Leopold Forstner's Wiener Mosaik-Werkstätte (Figs. 66-70, pp. 88-89) was in some instances involved in the same projects as the Wiener Werkstätte (such as Palais Stoclet in Brussels, mentioned above). In Forstner's company signet, too, the letters W and M are predominant, enveloped by a G (for glass painting, Fig. 70, p. 89).

As can be seen from a business card designed by Maria Likarz, the signet of Grete Merklinghaus's "Wiener Modell-Werkstätte" (Fig. 71, p. 89) was made up of the letters W and M together, though in small letters, and the company monogram was composed of the initials of Max Welz (Figs. 72, 73, pp. 90-91).

It is worth mentioning the combination of V and W on textiles particularly because it sometimes occurs on Wiener Werkstätte sample cards (Figs. 74, 75, pp. 92-93). It is probable that this VW monogram, which is very similar to the WW monogram, belonged to the Wilhelm Vogel company of Chemnitz, who worked for the Wiener Werkstätte, but this cannot be said with any certainty.

Another mark consisting of two W's on top of one another framed by two mirrored K's is also frequently encountered on ceramics. This mark has yet to be explained, but from time to time is also linked with the Wiener Werkstätte. It is naturally the result of a certain amount of wishful thinking that any mark containing a W is associated with the Wiener Werkstätte. Just how strong the association of any mark containing a WW monogram is with the Wiener Werkstätte is proved by a metal dish with a glass insert (Fig. 76, p. 95). Beneath the lip of the metal dish is a mark (Fig. 77, p. 95) made up of the letters IK (?) and a WW. This item is only mentioned as an example of marking often misinterpreted. A large number of metal objects of similar design, usually unsigned, have come to light in the mean time. The possibility cannot be excluded that they were or are subsequently marked with WW symbols similar to those of the Wiener Werkstätte.

The mark WWS (Fig. 71, p. 98) is illustrated in the central trade mark gazette for the year 1932 (Vienna 1933, p. 243) – but this belonged to a metalworking company. The letters WMW were linked together to form a trade mark of "Wiener Metallwerk GesmbH" (ZMA for 1921, Vienna 1922, p. 18). A short time later an asterisk was added (ZMA for 1921, Vienna 1922, p. 255). There is a danger of a wide range of marks on metal objects being mistaken for Wiener Werkstätte marks, and for this reason the history of Wiener Metallwerk GesmbH is briefly outlined here. We are comparatively well informed about this company thanks to the notes in the Commercial Register.

"Wiener Metallwerk Gesellschaft m.b.H." was recorded under no. 40/1 in the Vienna Commercial Register on 3rd November 1920 on the basis of articles of association dated 27th September 1920 (HR C 46/119). Under the heading "purpose of the company" we find the following:

"a) The purchase, processing and refinement of metals, b) the factory production of all kinds of goods of metal, in particular the manufacture of Viennese metal fancy goods, . . ." Such products, provided with a mark similar to those of the Wiener Werkstätte, could be mistaken for products of the Wiener Werkstätte.

On 22nd February 1927 the company already appeared as "Wiener Metallwerk Gesellschaft m.b.H. in liquidation" (liquidator Fritz Schüller), and the company was deleted on 21st December 1927.

Other marks which have often mistakenly been associated with the Wiener Werkstätte are reproduced in Figures 78-88 (p. 97) and 90-102 (p. 99).

DIE „ROSENMARKE"

Eine hochrechteckige Rahmung umschließt eine Blume, deren strenge Stilisierung im oberen Geviert eine geometrische Blüte, im unteren Teil einen Stiel mit knospenartigem Gebilde und ein Blatt erkennen läßt. Der quadratischen bzw. rechteckigen Geometrisierung entzieht sich allein die Blattform, deretwegen der vertikale Stiel aus der Mitte gerückt wurde.

Wenige Tage vor der Registrierung der Rosenmarke hatte die Wiener Werkstätte das „Gold-, Silber- und Juwelenarbeitergewerbe" (am 17. Juni 1903) angemeldet; der Gewerbeschein wurde am 7. August 1903 ausgestellt. Dieselben Daten gelten auch für die „Gürtler- und Bronzewaren-Erzeugung". Für alle anderen Werkstätten erhielt die Wiener Werkstätte erst später die Gewerbescheine.

Auf den Grund, warum das WW-Monogramm und die Bezeichnung WIENER WERK-STÄTTE, unter denen das Unternehmen Berühmtheit erlangen sollte, nicht gleichfalls im

Abb. 103. Die Rosenmarke als Doppelmotiv des Kamins, Detail aus einem zeitgenössischen Foto (vgl. Abb. 1). – Originalfoto ÖMAK, Archiv WW

Fig. 103: The Rose Mark as a double motif for a fireplace, detail from a contemporary photograph (cf. Fig. 1). – Original photograph, ÖMAK, Archiv WW

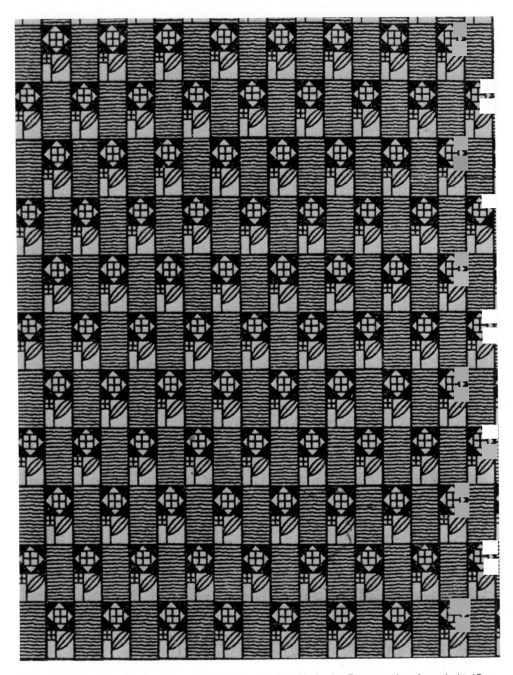

Abb. 104. Vorsatzpapier der Wiener Werkstätte mit dem Motiv der Rosenmarke; Ausschnitt 15 × 8,5 cm. – ÖMAK, Inv. K.I. 9303

Fig. 104: Endpaper by Wiener Werkstätte with the Rose Mark motif; detail 15 × 8.5 cm. – ÖMAK, Inv. K.I. 9303

Abb. 105. Rosenmarke im Beschlag des Schlosses eines Damenschreibtisches von Josef Hoffmann, um 1905. – ÖMAK, Inv. H. 2084

Fig. 105: Rose Mark in the fittings of the lock of a lady's writing desk by Josef Hoffmann, around 1905. – ÖMAK, Inv. H. 2084

Jahre 1903 markenrechtlich registriert worden war, bin ich bereits im Abschnitt über „Markenrechtliche Bestimmungen und ihr Einfluß auf die Form der Wiener Werkstätte-Marken" kurz eingegangen. Wann das WW-Monogramm im Oval dem Punzierungsamt gemeldet wurde, wissen wir nicht genau, vermutlich aber etwa zum gleichen Zeitpunkt, als die Rosenmarke ins Markenregister eingetragen wurde. Als Marke hingegen schien das Monogramm im Jahre 1903 dort jedoch nicht auf.

Gerade das Monogramm war aber in vielfältigen Varianten von 1903 bis 1932 in jeder denkbaren Anbringungsart (Stempel, Klebeetiketten etc.) auf Objekten, Drucksorten, Geschäftspapieren aller Art usw. gegenwärtig, nicht nur auf Metallobjekten, wozu die Punzenanmeldung berechtigte, und die Form des Monogramms war 1903 ebenfalls schon gefunden. Warum also die Rose, deren Bedeutung als Sinnbild der Wiener Werkstätte noch immer nicht entschlüsselt ist, in ein Markenzeichen stilisieren, das als optischer Hinweis auf die Wiener Werkstätte lange nicht so wirkungsvoll war wie das doppelte W des Monogramms?

Fragt man nach den Gründen, warum die Wiener Werkstätte als erste Marke eine stilisierte Blume registrieren ließ, die um so vieles weniger die unmittelbare Assoziation mit dem Unternehmen Wiener Werkstätte hervorrief als das berühmt gewordene Monogramm, so war wohl weniger die Marken-Vorstellung eines Kolo Moser oder Josef Hoffmann dafür bestimmend, als gewisse Vorschriften des Markenrechts – wie ja häufig Entscheidungen im künstlerischen Bereich von außerkünstlerischen, recht prosaischen Gründen mitbestimmt werden. Der Freiheitsraum der Wiener Werkstätte-Künstler Moser und Hoffmann endete – in bezug auf das Markenbild – am damals bestehenden Markenrecht. Dieses stand im allgemeinen der Entwicklung eines modern gestalteten Monogramms entgegen, da registrierfähige Monogramme möglichst „künstlerisch" gestaltet, d. h. oft bis zur Undeutbarkeit „verziert" sein sollten. Spezialpublikationen über Monogramme zeigen bis ins späte 19., ja sogar ins 20. Jahrhundert hinein seitenweise die verschnörkelten, ineinander verschlungenen, tatsächlich kaum mehr lesbaren Buchstaben. Im Vergleich damit wirkt das WW-Monogramm in seiner klaren Verschachtelung und der quadratischen Umrahmung wie ein Signal, das über Jahrzehnte seine Wirksamkeit als Firmenmarke nicht verfehlte.

Es sei hier nicht behauptet, daß die Entstehung der Rosenmarke als Schutzmarke der Wiener Werkstätte allein aus äußeren Zwängen resultierte, doch hatten die damals gültigen markenrechtlichen Bestimmungen zweifellos ihren Anteil daran, daß die Wiener Werkstätte als erste Schutzmarke das Bild einer stilisierten Rose registrieren ließen und daß die Kennzeichnung vieler Objekte der Wiener Werkstätte mit einer Bildmarke begann. Die Gestaltung der Rosenmarke war im wahrsten Sinn des Wortes so bildhaft, daß sie, in versetzter Anordnung vielfach wiederholt, als Ornament von Vorsatz- oder Packpapieren diente (Abb. 104, S. 102) und dies in mehreren Farbstellungen. In spiegelbildlicher Anordnung war die Rosenmarke Teil eines Kamingitters (Abb. 103, S. 101), selten ist sie in den Beschlag von Möbelschlössern eingeschlagen (Abb. 105, S. 103). Viele Objekte aus den verschiedensten Materialien (Metall, Bucheinbände u.a.) sind mit der Rosenmarke bezeichnet.

DAS GESTALTUNGSPRINZIP DER ROSENMARKE

Dem Formprinzip ineinander geschachtelter Quadrate begegnen wir in frühen Entwürfen der Wiener Werkstätte immer wieder – frappierend die strukturelle Verwandtschaft mit einem Schmuckstück (Abb. 107, S. 105). Die reduzierte Form der häufig für kleine Stempelungen in Metall verwendeten Rosenmarke (vgl. z. B. Abb. 197-228, S. 176-195) ähnelt dem Mittelteil einer von Hoffmann entworfenen Kassette (Abb. 108-111, S. 106-108). In noch größerer Vereinfachung ist das Rosenmarken-Motiv zum Teil eines Schlüssels geworden (Abb. 112-113, S. 109). Diese einfache Verschachtelung zweier Quadrate oder Rechtecke ist in den frühen Entwürfen Hoffmanns bzw. Mosers für die Wiener Werkstätte oft vertreten (Abb. 114-120, S. 110-115).
Wenn wir die Entwürfe der beiden Künstler vergleichen, so finden wir im Schachtelentwurf Kolo Mosers schwarze und weiße Flächen zwar klar kontrastiert (Abb. 115, S. 111); die Spannungsfelder der Linien und die daraus entstehenden Gitter sind jedoch im Kassettenentwurf Hoffmanns der Rosenmarke wesentlich näher (Abb. 108-110, S. 106-107).

Abb. 108. Josef Hoffmann, Entwurf für eine Holzkassette (Werknummer BL 98), signiert und datiert „19 JH 04", Höhe (Kassette) 11,5 cm, Breite 17,1 cm. – ÖMAK, Inv. K.I. 12045/2

Fig. 108: Josef Hoffmann, design for a wooden casket (serial number BL 98), signed and dated "19 JH 04", height (casket) 11.5 cm, width 17.1 cm. – ÖMAK, Inv. K.I. 12045/2

Rätselhaft hingegen muß vorläufig die Deutung jener Zeichnung bleiben, die mit dem MK-Monogramm gestempelt und somit Kolo Moser zugewiesen wird (Abb. 121, S. 116). Durch ein unregelmäßiges, gitterartig erscheinendes Ornament, das mit dem viereckigen Rahmen verbunden ist und sich erst auf den zweiten Blick als das Monogramm Josef Hoffmanns entziffern läßt, wird das gerade, strenge Profil eines Kopfes und ein ornamentales Motiv sichtbar, das der Blüte der Rosenmarke verwandt ist. Früher anzusetzende Initialen Kolo Mosers, die ebenfalls aus den Einzelmotiven von Kopf und Blüte gestaltet sind, weisen jedoch noch ganz jene lineare Stilisierung auf, deren Schwung so charakteristisch ist für den internationalen, floralen Jugendstil. Vermutlich um einiges früher entstanden, mag man solche Initialen – etwas überspitzt formuliert – mit dem Ver-Sacrum-Stil Kolo Mosers gleichsetzen, während das streng eingerüstete Profilgesicht seinem frühen Wiener Werkstätte-Stil zuzuordnen wäre.

In den entsprechenden Unterlagen der Wiener Werkstätte bleibt diese Bleistiftzeichnung (Abb. 121, S. 116) trotz der Nummer 195 ungedeutet, da sich die Angaben im Kalkulationsband auf den KM-Stempel, den Archivstempel und die genannte Werknummer beschränken (WWMB 3, S. 195: MK-Stempel durchgestrichen, darunter händisch die Monogramme JH und KM geschrieben).

Entwürfe für Jardinièren, Obstaufsätze, Pölster, Broschen, Silberknöpfe, Bonbonnièren und andere Gegenstände (Abb. 122-138, S. 117-130) variieren das Prinzip der Verschachtelungen bzw. Vergitterungen.

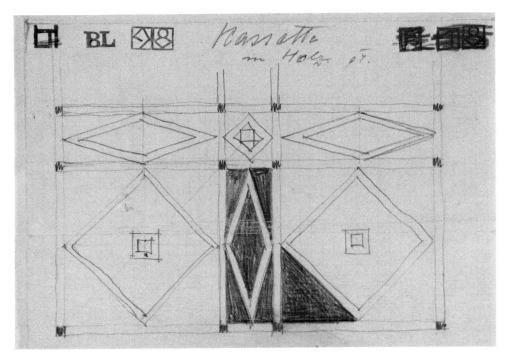

Abb. 109. Josef Hoffmann, Entwurf für eine Holzkassette (Werknummer BL 98), bez. „Kassette in Holz 04", Stempel: JH, BL 98. – ÖMAK, Inv. K.I. 12045/2

Fig. 109: Josef Hoffmann, design for a wooden casket (serial number BL 98), designated "Kassette in Holz 04", stamp: JH, BL 98. – ÖMAK, Inv. K.I. 12045/2

Abb. 110. Josef Hoffmann, Holzkassette (Werknummer BL 98), zeitgenössisches Foto. – ÖMAK, Archiv WW

Fig. 110: Josef Hoffmann, wooden casket (serial number BL 98), contemporary photograph. – ÖMAK, Archiv WW

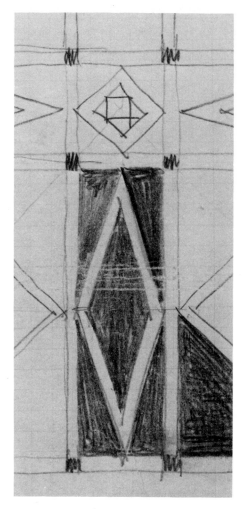

Abb. 111. Detail aus einem Entwurf von Josef Hoffmann für eine Holzkassette (vgl. Abb. 109)

Fig. 111: Detail from a design by Josef Hoffmann, for a wooden casket (cf. Fig. 109)

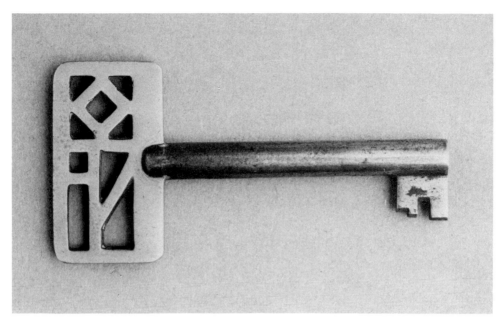

Abb. 112. Schlüssel eines Damenschreibtisches von Josef Hoffmann, vgl. Abb. 105

Fig. 112: Key to a lady's writing desk by Josef Hoffmann, cf. Fig. 105

Abb. 113. Vier Schlüssel eines Damenschreibtisches von Josef Hoffmann, vgl. Abb. 105

Fig. 113: Four keys to a lady's writing desk by Josef Hoffmann, cf. Fig. 105

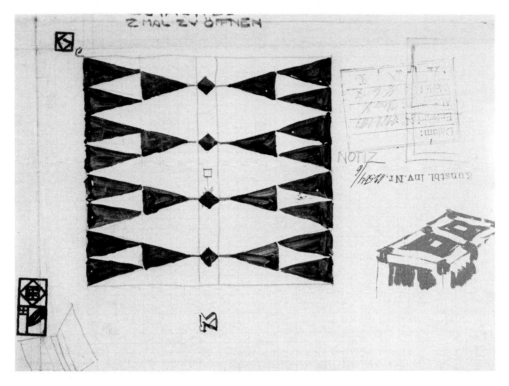

Abb. 114. Kolo Moser, Entwurf für eine Schachtel (Werknummer L 6); sign. MK-Monogramm; Stempel: Rosenmarke, 6; Höhe der Schachtel: 12,3 cm. – ÖMAK, Inv. K.I. 12564/6

Fig. 114: Kolo Moser, design for a box (serial number L 6); signed MK monogram; stamp: Rose Mark, 6; height of box: 12.3 cm. – ÖMAK, Inv. K.I. 12564/6

THE ROSE MARK

A vertical rectangular frame encloses a flower whose severely stylized lines suggest a geometrical blossom in the upper field, and a bud-like form and a leaf in the lower field. Only the leaf is not composed of square or rectangular geometric lines, and the vertical stem is moved off-centre to accommodate it.

A few days before the registration of the Rose Mark, the Wiener Werkstätte had applied for a trade licence for "goldsmithry, silversmithry and jewellery" (on 17th June 1903); the trade licence was issued on 7th August 1903. The same dates also apply for "girdlers and bronze workers". It was only later that the Wiener Werkstätte received licences for all its other trades.

In the chapter on "Legal Regulations and their Effect on the Form of the Wiener Werkstätte Trade Marks" I briefly examined the reason why the WW monogram and the designation WIENER WERKSTÄTTE – under which the company was subsequently to become famous – did not also become registered trade marks in the year 1903. We do not know exactly when the WW monogram in an oval was registered at the Assay Office, but

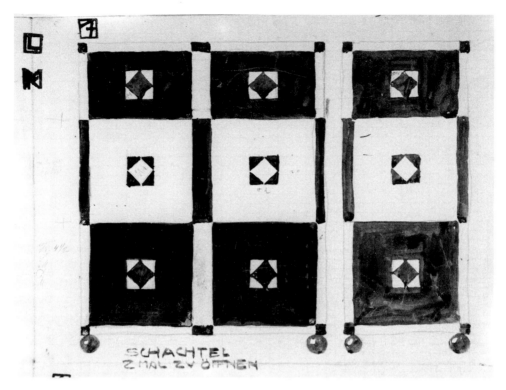

Abb. 115. Kolo Moser, Entwurf für eine Schachtel (Werknummer L 7); Stempel: L, 7, KM-Mono-gramm, bez: „SCHACHTEL 2 MAL ZV ÖFFNEN"; Höhe der Schachtel: 16,5 cm. – ÖMAK, Inv. K.I. 12564/6

Fig. 115: Kolo Moser, design for a box (serial number L 7); stamp: L, 7, KM monogram, designa-tion: "SCHACHTEL 2 MAL ZV ÖFFNEN"; height of box: 16.5 cm. – ÖMAK, Inv. K.I. 12564/6

It was probably at about the same time as the Rose Mark was entered in the Register of Trade Marks. However, the monogram was not recorded as a trade mark in the year 1903.

From 1903 to 1932 many variations of the monogram were applied in every conceivable manner (punch, adhesive label, etc.) to articles, printed forms, all kinds of business papers, etc. It was not applied only to metal objects, as was permissible with a registered hallmark, and the shape of the monogram had also evolved by 1903. The significance of the rose as a symbol of the Wiener Werkstätte has still not been discovered, nor the reasons for using a stylized rose as a trade mark which was not nearly as effective as a mark of the Wiener Werkstätte as the double W monogram.

Why, then, should the first trade mark registered by the Wiener Werkstätte have been a stylized flower with much less direct association with the Wiener Werkstätte enterprise than the famous monogram? The reasons can be found not so much in Kolo Moser's or Josef Hoffmann's conceptions of a trade mark as in certain regulations of the Trade Marks Act. How often decisions in the artistic sphere are determined by unartistic, rather prosaic reasons! As far as their trade mark was concerned, the freedom of Wie-

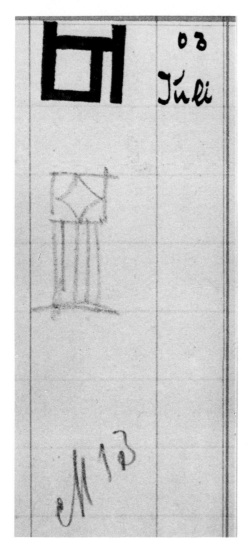

Abb. 116. Josef Hoffmann, Blumenvase (Werknummer M 13), Alpaka, kalkuliert Juli 1903 und 1904 (WWMB 4, S. 24). – ÖMAK, Inv. WWMB 4, S. 24

Fig. 116: Josef Hoffmann, flower vase (serial number M 13); alpaca, calculated July 1903 and 1904 (WWMB 4, p. 24). – ÖMAK, Inv. WWMB 4, p. 24

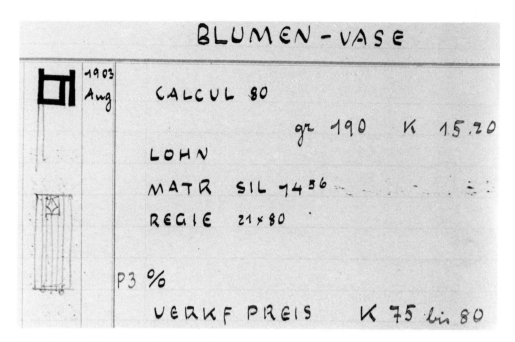

BLUMEN - VASE

1903
Aug

CALCUL 80

gr 190   K 15.20

LOHN

MATR SIL 7456

REGIE 21 x 80

P3 %

VERKF PREIS   K 75 bis 80

Abb. 117. Josef Hoffmann, Blumenvase (Werknummer S 15), Silber, kalkuliert August 1903 (WWMB 4, S. 37). – ÖMAK, Inv. WWMB 4, S. 37

Fig. 117: Josef Hoffmann, flower vase (serial number S 15), silver, calculated August 1903 (WWMB 4, p. 37). – ÖMAK, Inv. WWMB 4, p. 37

ncr Werkstätte artists Moser and Hoffmann ended with the Trade Marks Act of the time. The act stood in the way of a monogram of modern design because registered monograms had to be as "artistically" designed as possible, which meant they were often "ornamented" beyond recognition. Until the late 19th century, and even in the 20th century, specialized publications on monograms show pages and pages of ornate, intertwined letters which really are scarcely legible. Compared to these, the WW monogram with its clear interlocking letters and square frame is like a signal which for decades proved to be an effective trade mark.

I do not wish to maintain that the Rose Mark evolved as a trade mark of the Wiener Werkstätte solely due to outside influences, but the trade mark regulations of the time were certainly partly responsible for the fact that the first trade mark registered by the Wiener Werkstätte was a stylized rose, and that the marking of many articles produced by the Wiener Werkstätte began with this trade mark. The design of the Rose Mark really was so pictorial in the literal sense of the word that it was used in staggered patterns of several different shades of colour for the decoration of end-papers and wrapping paper (Fig. 104, p. 102). The Rose Mark and its mirror image formed part of a fire screen (Fig. 103, p. 101), and it was occasionally imprinted on the fittings of furniture locks (Fig. 105, p. 103). Many articles of a wide range of materials (metal, bookbindings, etc.) also bear the Rose Mark.

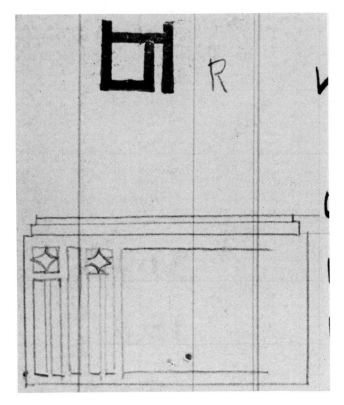

Abb. 118. Josef Hoffmann, Aufsatz (Werknummer S 162), Silber, kalkuliert 1904 (WWMB 3, S. 340). – ÖMAK, Inv. WWMB 3, S. 340

Fig. 118: Josef Hoffmann, centre-piece (serial number S 162), silver, calculated 1904 (WWMB 3, p. 340). – ÖMAK, Inv. WWMB 3, p. 340

THE DESIGN PRINCIPLE OF THE ROSE MARK

Time and time again we come across the principle of interlocking squares in early designs by the Wiener Werkstätte – it is striking how structurally similar they are to a piece of jewellery (Fig. 107, p. 105). The reduced form of the Rose Mark frequently used for small marks in metal (cf. for example Figs. 197-228, pp. 176-195) is similar to the middle section of a casket designed by Hoffmann (Figs. 108-111, pp. 106-108). Simplified still further, the Rose Mark motif became part of a key (Figs. 112-113, p. 109). This simple interconnection of two squares or rectangles is often encountered in the early designs of Hoffmann and Moser for the Wiener Werkstätte (Figs. 114-120, pp. 110-115).
If we compare the designs of both artists, we find black and white fields clearly contrasting in the box designs of Kolo Moser (Fig. 115, p. 111). However, the vivid lines and the resulting grating in Hoffmanns's casket design are much closer to the Rose Mark (Figs. 108-110, pp. 106-107). On the other hand, the drawing stamped with the mono-

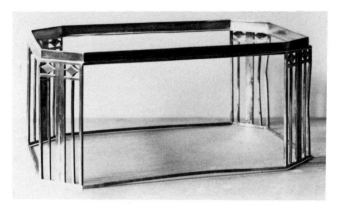

Abb. 119. Josef Hoffmann, Aufsatz (Werknummer S 162), Silber, Glas; kalkuliert 1904 (WWMB 3, S. 340); zeitgenössisches Foto. – ÖMAK, Archiv WW

Fig. 119: Josef Hoffmann, centre-piece (serial number S 162), silver, glass; calculated 1904 (WWMB 3, p. 340); contemporary photograph. – ÖMAK, Archiv WW

Abb. 120. Josef Hoffmann, Leuchter (Werknummer M 70), Alpaka; erste Kalkulation undatiert (wohl 1903), weitere Kalkulationen 1903-1910 (WWMB 3, S. 147) und Obstkorb (Werknummer M 158), Alpaka (auch Silber); erste Kalkulation undatiert, weitere 1904-1905 (WWMB 3, S. 339); zeitgenössisches Foto. – ÖMAK, Archiv WW

Fig. 120: Josef Hoffmann, candlestick (serial number M 70), alpaca; first calculation undated (probably 1903), further calculations 1903-1910 (WWMB 3, p. 147) and fruit basket (serial number M 158), alpaca (also silver); first calculation undated, further calculations 1904-1905 (WWMB 3, p. 339); contemporary photograph. – ÖMAK, Archiv WW

Abb. 121. Ausschnitt einer Zeichnung mit dem JH-Monogramm und einem Profilkopf; Stempel: MK-Monogramm, 195, Archivstempel der WW; Höhe des Ausschnitts: 16,3 cm. – ÖMAK, Inv. K.I. 12593/12

Fig. 121: Detail from a drawing with JH monogram and an outline of a head; stamp: MK monogram, 195, archive stamp of the WW; height of detail: 16.3 cm. – ÖMAK, Inv. K.I. 12593/12

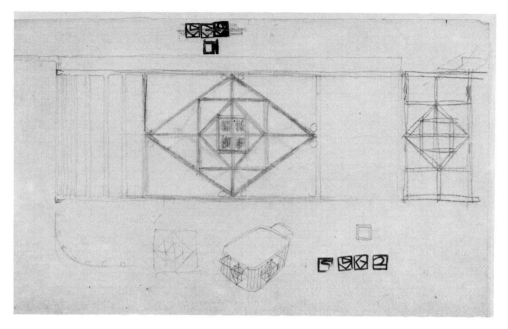

Abb. 122. Josef Hoffmann, Entwurf für einen Aufsatz (Werknummer S 562), Silber, Lapise, kalkuliert 1906 (WWMB 8, S. 562). Entwurf monogrammiert JH, gestempelt: JH, 538, S 562; Höhe (des Aufsatzes) 21 cm, Breite 34,1 cm. – ÖMAK, Inv. K.I. 12006/18

Fig. 122: Josef Hoffmann, design for a centre-piece (serial number S 562), silver, lapis lazuli, calculated 1906 (WWMB 8, p. 562). Design monogrammed JH, stamped: JH, 538, S 562; height (of centre-piece) 21 cm, width 34.1 cm. – ÖMAK, Inv. K.I. 12006/18

gram MK and thus attributed to Kolo Moser, remains a mystery (Fig. 121, p. 116). An irregular, lattice-like ornament is connected to a square frame. Only on closer scrutiny is it perceived as the monogram of Josef Hoffmann. Through the lattice-work one sees the straight, severe profile of a head and an ornamental motif related to the blossom of the Rose Mark. The initials of Kolo Moser from an earlier date are also formed from the individual motifs of head and blossom, but are linearly stylized with the sweep so characteristic of the international floral art nouveau style. Probably produced somewhat earlier, such initials can be compared – slightly overstated – with Kolo Moser's Ver Sacrum style, while the severely framed outline of a face belongs to his early Wiener Werkstätte style.

This pencil drawing is not explained by the relevant documentation of the Wiener Werkstätte (Fig. 121, p. 116) in spite of the number 195. The information in the calculation book is limited to the KM stamp, the archive stamp and the above-mentioned serial number (WWMB 3, p. 195: MK stamp crossed out, beneath it the handwritten monograms JH and KM).

Designs for jardinières, fruit bowls, cushions, brooches, silver buttons, bonbonnieres and other items (Figs. 122-138, pp. 117-130) vary the principle of interlocking squares and lattice-work.

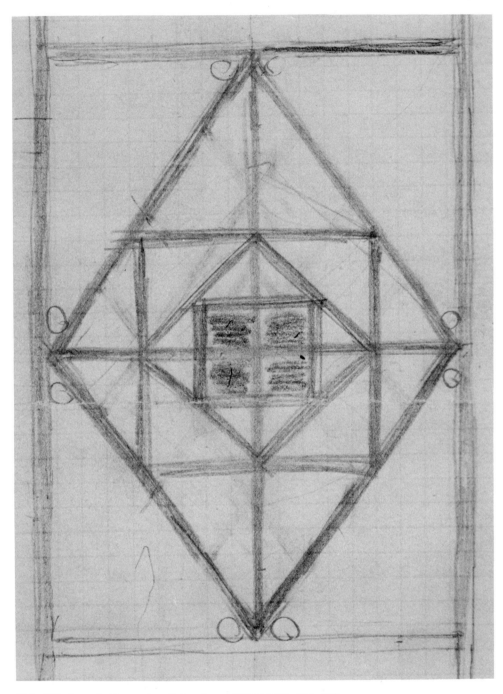

Abb. 123. Ausschnitt aus dem Entwurf Josef Hoffmanns Abb. 122

Fig. 123: Detail from the design by Josef Hoffmann in Fig. 122

118

Abb. 124. Josef Hoffmann, Aufsatz mit Lapisen (Werknummer S 562, kalkuliert 1906 (WWMB 8, S. 562); zeitgenössisches Foto – ÖMAK, Archiv WW

Fig 124: Josef Hoffmann, centre-piece with lapis lazuli (serial number S 562), calculated 1906 (WWMB 8, p. 562); contemporary photograph. – ÖMAK, Archiv WW

Abb. 125. Josef Hoffmann, Jardinière (Werknummer S 738), Silber, Glas; kalkuliert 1906 (WWMB 8, S. 738); zeitgenössisches Foto. – ÖMAK, Archiv WW

Fig. 125: Josef Hoffmann, jardinière (serial number S 738); silver, glass; calculated 1906 (WWMB 8, p. 738); contemporary photograph. – ÖMAK, Archiv WW

Abb. 126. Josef Hoffmann, Tafelaufsatz (Werknummer S 678), Silber, Malachite; kalkuliert 1906 (WWMB 8, S. 678); zeitgenössisches Foto. – ÖMAK, Archiv WW

Fig. 126: Josef Hoffmann, centre-piece (serial number S 678), silver, malachite; calculated 1906 (WWMB 8, p. 678); contemporary photograph. – ÖMAK, Archiv WW

Abb. 127. Polster (Stickerei), um 1905; zeitgenössisches Foto. –
ÖMAK, Archiv WW

Fig. 127: Cushion (embroidery), around 1905; contemporary
photograph. – ÖMAK, Archiv WW

Abb. 128. Polster (Stickerei), um 1905; zeitgenössisches Foto. –
ÖMAK, Archiv WW

Fig. 128: Cushion (embroidery), around 1905; contemporary
photograph – ÖMAK, Archiv WW

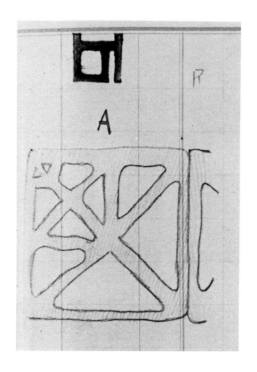

Abb. 129. Josef Hoffmann, Schließe (Werk-nummer G 64), kalkuliert um 1904. – ÖMAK, Inv. WWMB 3, S. 250

Fig. 129: Josef Hoffmann, clasp (serial number G 64), calculated about 1904. – ÖMAK, Inv. WWMB 3, p. 250

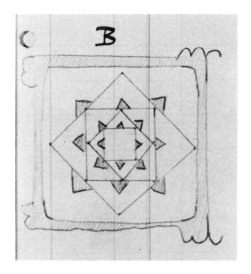

Abb. 130. Josef Hoffmann, Schließe (Werk-nummer G 65), kalkuliert um 1904. – ÖMAK, Inv. WWMB 3, S. 251

Fig. 130: Josef Hoffmann, clasp (serial number G 65), calculated about 1904. – ÖMAK, Inv. WWMB 3, p. 251

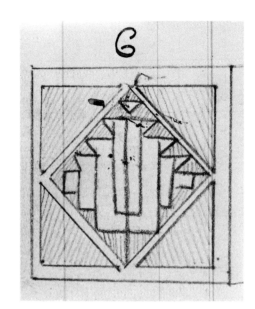

Abb. 131. Josef Hoffmann, Schließe (Werknummer G 66), kalkuliert 1904. – ÖMAK, Inv. WWMB 3, S. 251

Fig. 131: Josef Hoffmann, clasp (serial number G 66), calculated 1904. – ÖMAK Inv. WWMB 3, p. 251

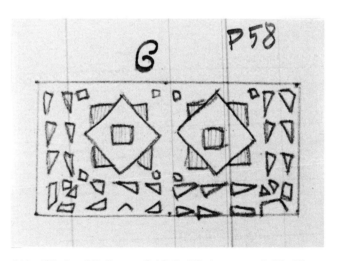

Abb. 132. Josef Hoffmann, Schließe (Werknummer G 67), Silber, Email, Steine, kalkuliert 1904. – ÖMAK, Inv. WWMB 3, S. 251

Fig. 132: Josef Hoffmann, clasp (serial number G 67), silver, enamel, stones, calculated 1904. – ÖMAK, Inv. WWMB 3, p. 251

125

Abb. 133. Josef Hoffmann, Aufsatz (Werknummer 1088), Silber, Malachite, Korallen; kalkuliert 1908 (WWMB 10, S. 1088); zeitgenössisches Foto; Farbabb. vgl. S. 31, Abb. 17. – ÖMAK, Archiv WW

Fig. 133: Josef Hoffmann, centre-piece (serial number S 1088), silver malachite, coral; calculated 1908 (WWMB 10, p. 1088); contemporary photograph; colour illustration cf. p. 31, Fig. 17. – ÖMAK, Archiv WW

Abb. 134. Kolo Moser, vier Anhänger (Lesezeichen?), zeitgenössisches Foto. – ÖMAK, Archiv WW

Fig. 134: Kolo Moser, four tags (bookmarks?), contemporary photograph. – ÖMAK, Archiv WW

Abb. 134

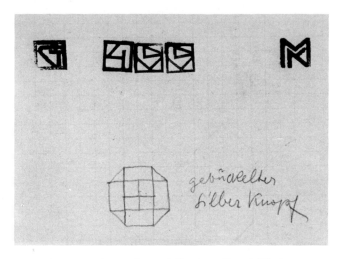

Abb. 135. Kolo Moser, Entwurf für einen Knopf (Werknummer G 455), bez. „gebuckelter Silber Knopf", Stempel: Werknummer G 455, MK- Monogramm; kalkuliert Jänner 1906 (WWMB 65, S. 455). – ÖMAK, Inv. K.I. 12576/5

Fig. 135: Kolo Moser, design for a button (serial number G 455), designation "gebuckelter Silber Knopf", stamp: serial number G 455, MK monogram; calculated January 1906 (WWMB 65, p. 455). – ÖMAK, Inv. K.I. 12576/5

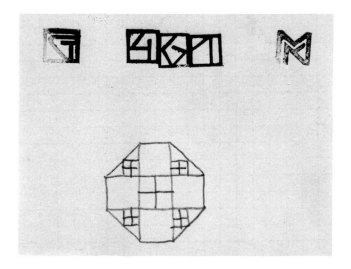

Abb. 136. Kolo Moser, Entwurf für einen Knopf (Werknummer G 461), Stempel: Werknummer G 455, MK-Monogramm; Silber; kalkuliert Jänner 1906 (WWMB 65, S. 461). – ÖMAK, Inv. K.I. 12576/9

Fig. 136: Kolo Moser, design for a button (serial number G 461), stamp: serial number G 455, MK monogram; silver; calculated January 1906 (WWMB 65, p. 461). – ÖMAK, Inv. K.I. 12576/9

Abb. 137. Sechs Knöpfe; Entwurf Kolo Moser: S 455, S 459, S 461 (rechts oben: Werknummer S 461, links unten: Werknummer S 459, rechts unten: Werknummer S 455), um 1906; alle kalkuliert 18. 1. 1906 (WWMB 65, S. 455, S. 459 bzw. 461; zeitgenössisches Foto. – ÖMAK, Archiv WW

Fig. 137: Six buttons; design Kolo Moser: S 455, S 459, S 461 (top right: serial number S 461, bottom left: serial number S 459, bottom right: serial number S 455), about 1906; all calculated 18th January 1906 (WWMB 65, p. 455, p. 459 and p. 461); contemporary photograph. – ÖMAK, Archiv WW

Abb. 138. Josef Hoffmann,
Bonbontasse (Werknummer
S 660), Silber, kalkuliert
1905-1909 (WWMB 8, S. 660);
zeitgenössisches Foto. –
ÖMAK, Archiv WW

Fig. 138: Josef Hoffmann,
sweet tray (serial number
S 660), silver, calculated
1905-1909 (WWMB 8, p. 660);
contemporary photograph. –
ÖMAK, Archiv WW

DIE ROSENMARKE AUF FRÜHEN ENTWÜRFEN

Als Stempel finden wir die Rosenmarke auf zahlreichen Entwürfen und Werkzeichnungen, und zwar meist auf jenen der Frühzeit der Wiener Werkstätte, wobei Objekte aus Metall überwiegen (Abb. 139-148, S. 132-141). Wir finden darunter eine Deckeldose aus Silber (Abb. 139, S. 132), eine Aschenschale (Abb. 140, S. 133), zu der sich ein zeitgenössisches Foto des ausgeführten Objekts erhalten hat (Abb. 142, S. 135), eine Jardinière aus Alpaka (Abb. 143-145, S. 136-137) und einen Anhänger (Abb. 146, S. 139) sowie einen Aufsatz mit Bodenplatte (Abb. 147, S. 140), dem sein viereckiges Pendant gegenübergestellt wird (Abb. 148, S. 141).

Viele dieser Zeichnungen sind in das Jahr 1903 datiert (Abb. 140, S. 133) oder in dieses Jahr datierbar (Abb. 149, S. 144) sowie mit dem Entwerfermonogramm (KM oder JH) und der Rosenmarke gestempelt, manche tragen zusätzlich ein Firmensignet der Wiener Werkstätte, bestehend aus dem WW-Monogramm und den Worten WIENER WERKSTÄTTE (Abb. 143, S. 136). Das Material wird durch einen Buchstaben in quadratischer Rahmung: L = Leder (Abb. 115, S. 111), M = Metall (Abb. 143-144, S. 136; Abb. 147, S. 140), G = Gold (Abb. 135-136, S. 128; Abb. 146, S. 139), S = Silber (Abb. 139-140, S. 132-133; Abb. 149, S. 144) bezeichnet. Die Lesbarkeit dieser Buchstaben ist unterschiedlich – am schwersten ist das S zu entziffern. Die Werknummer wird durch Einzelstempel quadratisch gerahmter Ziffern zu Zahlen zusammengesetzt. Die manchmal durchgestrichenen Zahlen beziehen sich auf Seitenangaben in den Kalkulationsbüchern der Wiener Werkstätte, in denen Gold, Silber und unedles Metall anfangs gemeinsam geführt wurden, sodaß Seitenzahlen und Werknummern nicht identisch waren. Später wurde das System vereinfacht.

Der Rosenmarken-Stempel scheint auf Entwürfen und Werkzeichnungen nach 1905 nicht verwendet worden zu sein.

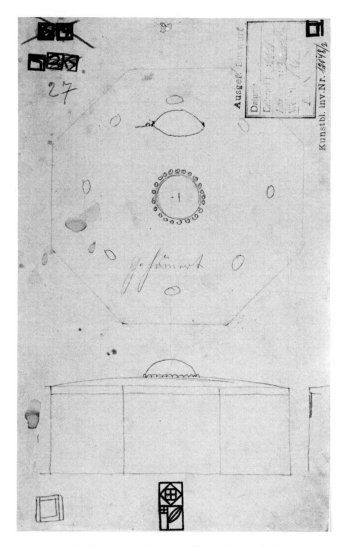

Abb. 139. Josef Hoffmann, Entwurf für eine Dose (Werknummer
S 27), erste Kalkulation undatiert (wohl 1903), erstmals abgegeben Dezember 1903 (WWMB 4, S. 67), sign. JH-Monogramm,
Stempel: JH, Rosenmarke, S 26 (ausgebessert auf 27), bez. „gehämmert"; Durchmesser der Dose: 15 cm. – ÖMAK, Inv. K.I.
12048/2

Fig. 139: Josef Hoffmann, design for a box (serial number S 27),
first calculation undated (probably 1903), first traded in December 1903 (WWMB 4, p. 67), signed JH monogram, stamp: JH,
Rose Mark, S 26 (corrected to 27), designation "gehämmert";
diameter of box: 15 cm. – ÖMAK, Inv. K.I. 12048/2

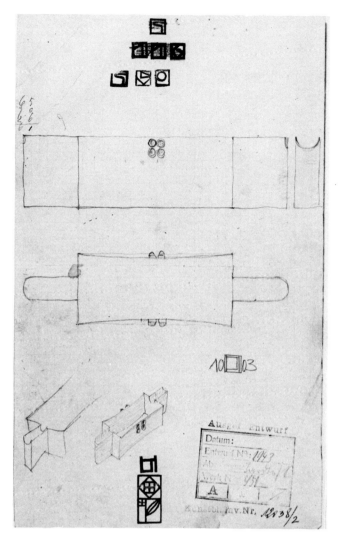

Abb. 140. Josef Hoffmann, Entwurf für eine Aschenschale (Werknummer S 50), Silber, Steine; erste Kalkulation undatiert (wohl 1903), erstmals abgegeben Dezember 1903 (WWMB 4, S. 116), sign. und dat. „10 JH 03" (10 irrtümlich für 19), Stempel: JH, Rosenmarke, S 116 (ausgestrichen), S 50, Archivstempel der WW; Höhe 4,5 cm, Länge 17 cm. – ÖMAK, Inv. K.I. 12038/2

Fig. 140: Josef Hoffmann, design for an ashtray (serial number S 50), silver, stones; first calculation undated (probably 1903), first traded in December 1903 (WWMB 4, p. 116), signed and dated "10 JH 03" (10 mistakenly for 19), stamp: JH, Rose Mark, S 116 (crossed out), S 50, archive stamp of the WW; height 4.5 cm, length 17 cm. – ÖMAK, Inv. K.I. 12038/2

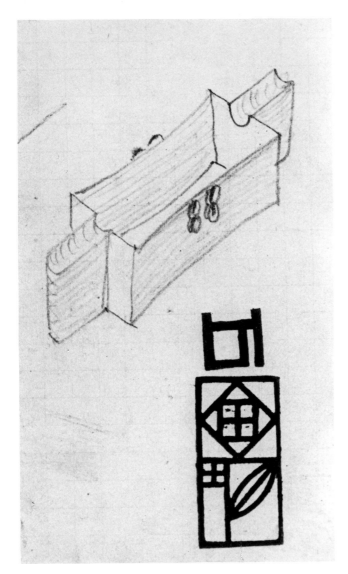

Abb. 141. Josef Hoffmann, Entwurf für eine Aschenschale, Detail aus Abb. 140

Fig. 141: Josef Hoffmann, design for an ashtray, detail from
Fig. 140

Abb. 142. Josef Hoffmann, „Sport-Becher" (Werknummer S 30), Silber, Steine; erste Kalkulation undatiert (wohl 1903), erstmals abgegeben Dezember 1903 (WWMB 4, S. 71) und Aschenschale (Werknummer S 50, vgl. Abb. 140); zeitgenössisches Foto. – ÖMAK, Archiv WW

Fig. 142: Josef Hoffmann, "sports beaker" (serial number S 30), silver, stones, first calculation undated (probably 1903), first traded in December 1903 (WWMB 4, p. 71) and ashtray (serial number S 50, cf. Fig. 140); contemporary photograph. – ÖMAK, WW archive

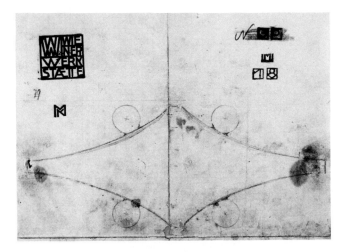

Abb. 143. Kolo Moser, Entwurf für eine Jardinière (Werknummer
M 18), Querschnitt; Stempel: WW-Signet, MK-Monogramm,
M 18; Alpaka; erstmals kalkuliert Juli 1903, mehrmals 1904
(WWMB 4, S. 30 sowie WWMB 5, S. 703). – ÖMAK, Inv. K.I.
12561/4 (früher K.I. 12561/16)

Fig. 143: Kolo Moser, design for a jardinière (serial number
M 18), section; stamp: WW signet, MK monogram, M 18; alpaca;
first calculated July 1903, several times in 1904 (WWMB 4, p. 30
and WWMB 5, p. 703). – ÖMAK, Inv. K.I. 12561/4 (formerly
12561/16)

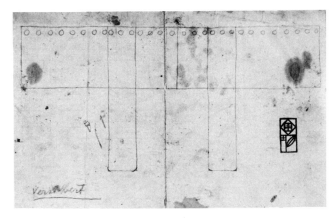

Abb. 144. Kolo Moser, Entwurf für eine Jardinière (Werknummer
M 18), Alpaka; vgl. Abb. 143; Stempel: Rosenmarke, bez.: „versilbert"; Höhe 12,8 cm. – ÖMAK, Inv. K.I. 12561/4 (früher K.I.
12561/16)

Fig. 144: Kolo Moser, design for a jardinière (serial number
M 18); alpaca; cf. Fig. 143; stamp: Rose Mark, designation: "versilbert"; height 12.8 cm. – ÖMAK, Inv. K.I. 12561/4 (formerly
12561/16)

Abb. 145. Kolo Moser, Jardinière (Werknummer M 18), vgl. Abb. 143; zeitgenössisches Foto. – ÖMAK, Archiv WW

Fig. 145: Kolo Moser, jardinière (serial number M 18), cf. Fig. 143; contemporary photograph. – ÖMAK, Archiv WW

THE ROSE MARK ON EARLY WIENER WERKSTÄTTE DESIGNS

We encounter the Rose Mark as a stamp on numerous designs and working drawings, particularly those dating from the early period of the Wiener Werkstätte. Most of these are for metal objects (Figs. 139-148, pp. 132-141). Among these we find a silver box (Fig. 139, p. 132), an ashtray (Fig. 140, p. 133) for which we still have a contemporary photograph of the actual object (Fig. 142, p. 135), a jardinière of alpaca (Figs. 143-145, pp. 136-137), a pendant (Fig. 146, p. 139) and a centre-piece with base (Fig. 147, p. 140) which is compared with its rectangular counterpart (Fig. 148, p. 141).

Many of these drawings are dated 1903 (Fig. 140, p. 133) or can be traced back to this year (Fig. 149, p. 144). They are stamped with the designer's monogram (KM or JH) and the Rose Mark, and some also bear the signet of the Wiener Werkstätte consisting of the WW monogram and the words WIENER WERKSTÄTTE (Fig. 143, p. 136). The material is specified by a letter in a square frame: L = leather (Fig. 115, p. 111), M = metal (Figs. 143-144, p. 136; Fig. 147, p. 140), G = gold (Figs. 135-136, p. 128; Fig. 146, p. 139), S = silver (Figs. 139-140, pp. 132-133; Fig. 149, p. 144). The legibility of these letters varies – the letter S being hardest to read. The serial numbers are made up of individual digits in square frames. Occasional numbers with a line through them refer to page numbers in the calculation books of the Wiener Werkstätte in which gold, silver and base metals were originally listed together. As a result, page numbers and serial numbers were not identical. This system was subsequently simplified.

The Rose Mark stamp does not appear to have been used on designs and working drawings after 1905.

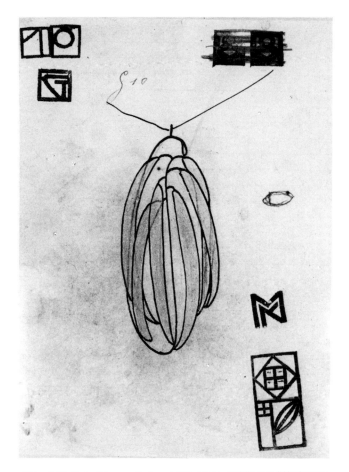

Abb. 146. Kolo Moser, Entwurf für einen Anhänger (Werknummer G 10), erste Kalkulation undatiert (wohl 1903), erstmals abgegeben Dezember 1903 (durchgestrichen) (WWMB 4, S. 88); Höhe 7 cm (ohne Kette); Stempel: G 10 (Werknummer), Monogramm MK, Rosenmarke. – ÖMAK, Inv. K.I. 12573/2

Fig. 146: Kolo Moser, design for a pendant (serial number G 10), first calculation undated (probably 1903), first traded in December 1903 (WWMB 4, p. 88); height 7 cm (without chain); stamp: G 10 (serial number), monogram MK, Rose Mark. – ÖMAK, Inv. K.I. 12573/2

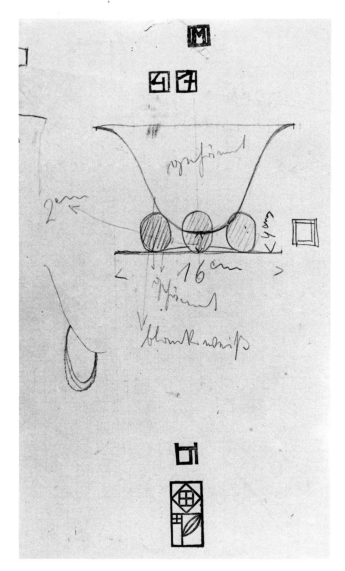

Abb. 147. Josef Hoffmann, Entwurf für ein Blumengefäß (Werknummer M 47), kalkuliert 1903 (WWMB 4, S. 85); Höhe 6 cm; sign.: JH-Monogramm, Stempel: M 47, JH, Rosenmarke. – ÖMAK, Inv. K.I. 11975/4

Fig. 147: Josef Hoffmann, design for a flower vase (serial number M 47), calculated 1903 (WWMB 4, p. 85); height 6 cm; signed: JH monogram, stamp: M 47, Rose Mark. – ÖMAK, Inv. K.I. 11975/4

Abb. 148. Josef Hoffmann, Becher (Werknummer S 70), Silber, Steine; erste Kalkulation undatiert (wohl 1903), erstmals abgegeben September 1905 (WWMB 3, S. 163); Becher (Werknummer S 71), Silber; erste Kalkulation undatiert (wohl 1903), erstmals abgegeben Jänner 1904 (WWMB 3, S. 164); zeitgenössisches Foto. – ÖMAK, Archiv WW

Fig. 148: Josef Hoffmann, beaker (serial number S 70), silver, stones; first calculation undated (probably 1903), first traded in September 1905 (WWMB 3, p. 163); beaker (serial number S 71), silver; first calculation undated (probably 1903), first traded in January 1904 (WWMB 3, p. 164); contemporary photograph. – ÖMAK, Archiv WW

THE ROSE MARK COMBINED WITH THE WW MONOGRAM IN AN OVAL

As so often in the marking of handicraft products, the characteristic combination of several marks is also instructive in the case of the Wiener Werkstätte. The Rose Mark, the WW monogram in an oval, designers' and craftsmen's monograms, and sometimes also the official hallmark were often imprinted on metal objects produced by the Wiener Werkstätte in the years prior to 1905.

The Rose Mark has already been discussed in greater detail; the oval framed WW (Fig. 156, p. 147) was not registered by the Wiener Werkstätte as a trade mark, but it was entered in the register of hallmarks at the Vienna Assay Office. It was perhaps therefore limited to metal objects. The WW monogram in an oval has not so far been found on other materials.

Apart from items where I was able to investigate the original, a great deal of my research was based on numerous old photographs from the archive of the Wiener Werkstätte. When suitably enlarged, these contemporary photographs often allow one to recognize the marking, usually fairly clearly, though sometimes the marks are blurred. Figures 149 to 193 (pp. 144-171) show a selection of these objects with their markings, which are arranged vertically, horizontally or in the shape of a cross, and less often in an imaginary triangle or square.

The metal objects bearing the WW monogram in an oval that have been examined so far are either smooth or hammered. The articles themselves seem without exception to date from the early period of the Wiener Werkstätte, and all are of remarkable form. I came across Hoffmann's design (Fig. 149, p. 144) for the silver fruit stand (Fig. 151, p. 145), which still bears the Rose Mark stamp. Enlarged from the original photograph, the marking (Fig. 150, p. 144) clearly shows the vertical arrangement of the Rose Mark, the WW monogram in an oval, Diana's head in a cinquefoil, and the monogram of Josef Hoffmann. The punched markings of the sauce-boat (Figs. 152, 153, p. 146) and the jardinière (Figs. 154, 155, p. 147) are unclear, but can still be made out. It was easier to interpret the punched marks in a detail photograph if the objects themselves were available (Figs. 157-173, 177-184, 187-192, p. 148 et seq.). However, sometimes enlargements of contemporary photographs are comparatively sharp (Fig. 175, p. 158).

In spite of all my research, the significance of a letter which looks like an italic A (Fig. 192, p. 170) is still a mystery to me. Stamped near the Viennese hallmark, it may have something to do with the official hallmarking. An explanation also still has to be found for the mark of a silversmith (Fig. 177, p. 159) who was no longer working for the Wiener Werkstätte in 1905. The mark is not contained in the list of craftsmen in the manifesto of 1905.

A "table lamp for electric light" (Fig. 184, p. 164) bearing the WW monogram in an oval is certainly one of the most interesting lamps of the early period (Neuwirth, WW Avantgarde 1984, no. 4, p. 29). A modern imitation of this lamp has been on sale in Vienna since the end of May 1985.

DIE ROSENMARKE, KOMBINIERT MIT DEM WW-MONOGRAMM IM HOCHOVAL

Wie so häufig bei der Kennzeichnung von kunsthandwerklichen Gegenständen, ist auch bei Wiener Werkstätte-Objekten die charakteristische Kombination mehrerer Marken aufschlußreich. Rosenmarke, WW-Monogramm im Hochoval, Entwerfer- und Handwerkermonogramm sowie fallweise die amtliche Feingehaltspunze sind auf Wiener Werkstätte-Metallobjekten der Jahre vor 1905 oft eingeschlagen. Auf die Rosenmarke wurde bereits näher eingegangen; das hochoval gerahmte WW (Abb. 156, S. 147) wurde von der Wiener Werkstätte zwar nicht als Marke angemeldet, jedoch beim Wiener Punzierungsamt im Namenspunzenregister eingetragen – daher vielleicht auch die Beschränkung auf Metallobjekte. Auf anderen Materialien war das WW-Monogramm im Hochoval bisher nicht zu finden.

Neben Gegenständen, die ich im Original untersuchen konnte, waren für meine Forschungen vor allem zahlreiche alte Fotos aus dem Archiv der Wiener Werkstätte wichtig. Diese zeitgenössischen Fotos ließen bei entsprechender Vergrößerung die Kennzeichnung meist relativ deutlich, manchmal nur unscharf erkennen. Die Abbildungen 149 bis 193 (S. 144-171) zeigen eine Auswahl dieser Objekte mit ihrer Kennzeichnung, die vertikal, horizontal oder kreuzförmig, seltener in einem imaginären Dreieck oder Rechteck, angeordnet sein konnte.

Die bisher untersuchten Metallobjekte mit dem WW im Hochoval sind entweder glatt oder gehämmert; die Gegenstände selbst scheinen ausnahmslos aus der Frühzeit der Wiener Werkstätte zu stammen und sind formal durchwegs bemerkenswert. Zum silbernen Fruchtaufsatz (Abb. 151, S. 145) fand ich den Entwurf Hoffmanns (Abb. 149, S. 144), der noch den Rosenmarken-Stempel aufweist. Aus dem Originalfoto herausvergrößert, zeigt die Kennzeichnung (Abb. 150, S. 144) noch deutlich genug die vertikale Abfolge von Rosenmarke, WW-Monogramm im Hochoval, Dianakopf im Fünfpaß und das Monogramm von Josef Hoffmann. Unscharf, wenn auch immer noch deutbar, ist auch die eingeschlagene Kennzeichnung der Saucière (Abb. 152, 153; S. 146) und der Jardinière (Abb. 154-155, S. 147). Klarer treten die eingeschlagenen Zeichen im Detailfoto dann in Erscheinung, wenn die Objekte selbst zur Verfügung standen (Abb. 157-173, 177-184, 187-192; S. 148 ff.). Doch sind manchmal sogar Vergrößerungen nach zeitgenössischen Fotos relativ scharf (Abb. 175, S. 158).

Trotz aller Nachforschungen ist mir bisher die Bedeutung eines Buchstaben, der wie ein kursiv geschriebenes A aussieht (Abb. 192, S. 170), rätselhaft geblieben. In der Nähe der Wiener Amtspunze eingeschlagen, steht er vielleicht mit der amtlichen Punzierung in Zusammenhang. Unaufgeschlüsselt ist bis heute auch das Zeichen eines Silberschmiedes (Abb. 177, S. 159), der wohl um 1905 nicht mehr an der Wiener Werkstätte tätig war; er ist in der Zusammenstellung der Handwerker im Arbeitsprogramm von 1905 nicht enthalten.

Zu den interessantesten Lampen der Frühzeit mit dem WW im Hochoval (Abb. 184, S. 164) zählt zweifellos jene „Stehlampe für elektr. Licht" (Neuwirth, WW Avantgarde 1984, Nr. 4, S. 29), deren moderne Nachahmung seit Ende Mai 1985 in Wien feilgeboten wird.

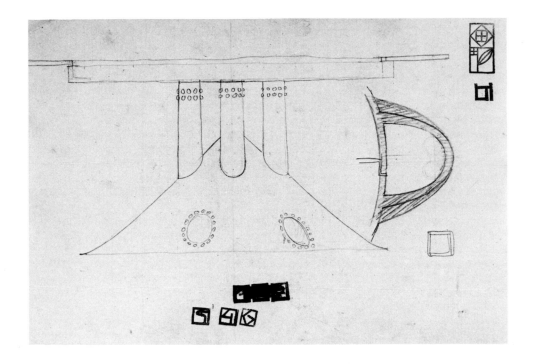

Abb. 149. Josef Hoffmann, Entwurf für einen Aufsatz (Werknummer S 46), Silber, Steine; kalkuliert 1904 (WWMB 4, S. 100); sign.: JH-Monogramm, Stempel: JH-Monogramm, Rosenmarke, S 46; Höhe 26,2 cm. – ÖMAK, Inv. K.I. 12006/15

Fig. 149: Josef Hoffmann, design for a centrepiece (serial number S 46); silver, stones; calculated 1904 (WWMB 4, p. 100); signed: JH monogram, stamp: JH monogram, Rose Mark, p. 46; height 26.2 cm. – ÖMAK, Inv. K.I. 12006/15

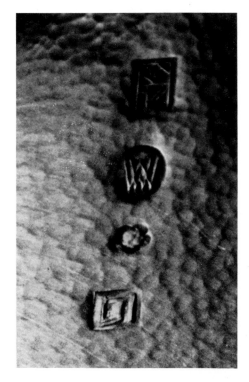

Abb. 150. Kennzeichnung des Aufsatzes S 46, Detail von Abb. 151

Fig. 150: Marking of centre-piece S 46, detail from Fig. 151

Abb. 151. Josef Hoffmann, Aufsatz (Werknummer S 46), erste Kalkulation undatiert (wohl 1903); erstmals abgegeben September 1904 (WWMB 4, S. 100); zeitgenössisches Foto. – ÖMAK, Archiv WW

Fig. 151: Josef Hoffmann, centre-piece (serial number S 46), first calculation undated (probably 1903); first traded in September 1904 (WWMB 4, p. 100); contemporary photograph. – ÖMAK, Archiv WW

Abb. 152. Josef Hoffmann, Suppenschale (Werknummer S 125) und Schöpflöffel (Werknummer S 126), Silber; erste Kalkulation nicht datiert (wohl 1903), erstmals abgegeben September 1904 (WWMB 3, S. 297). – Kolo Moser, Tintenfaß (Werknummer S 47), Silber, Glas; erste Kalkulation nicht datiert (wohl 1903), erstmals abgegeben Dezember 1903 (WWMB 4, S. 101); zeitgenössisches Foto. – ÖMAK, Archiv WW

Fig. 152: Josef Hoffmann, soup bowl (serial number S 125) and soup spoon (serial number S 126), silver; first calculation undated (probably 1903), first traded in September 1904 (WWMB 3, p. 297). – Kolo Moser, inkstand (serial number S 47), silver, glass; first calculation undated (probably 1903), first traded in December 1903 (WWMB 4, p. 101); contemporary photograph. – ÖMAK, Archiv WW

Abb. 153. Kennzeichnung der Suppenschale S 125, Detail aus Abb. 152: WW-Monogramm, JH-Monogramm, Rosenmarke, Monogramm KK (= Metallarbeiter Konrad Koch), Dianakopf im Fünfpaß

Fig. 153: Marking of soup bowl S 125, detail from Fig. 152: WW monogram, monogram JH, Rose Mark, monogram KK (= metal worker Konrad Koch), Diana's head in a cinquefoil

146

Abb. 154. Josef Hoffmann, Dose (Werknummer S 85), Silber, erste Kalkulation nicht datiert (wohl 1903), erstmals abgegeben September 1904, spätere datierte Kalkulation 1914 (WWMB 3, S. 186). – Josef Hoffmann, Aufsatz (Werknummer S 26), Silber, erste Kalkulation nicht datiert (wohl 1903), erstmals abgegeben September 1904 (WWMB 4, S. 66); zeitgenössisches Foto. – ÖMAK, Archiv WW

Fig. 154: Josef Hoffmann, box (serial number S 85), silver, first calculation undated (probably 1903), first traded in September 1904, later calculation dated 1904 (WWMB 3, p. 186). – Josef Hoffmann, centre-piece (serial number S 26), silver, first calculation undated (probably 1903); first traded in September 1904 (WWMB 4, p. 66); contemporary photograph. – ÖMAK, Archiv WW

Abb. 155. Kennzeichnung des Aufsatzes (Werknummer S 26) von Josef Hoffmann: Monogramm JH im Kreis (= Metallarbeiter Josef Holi), Rosenmarke, WW-Monogramm, JH-Monogramm (= Josef Hoffmann)

Fig. 155: Marking of centre-piece (serial number S 26), by Josef Hoffmann: monogram JH in a circle (= metal worker Josef Holi), Rose Mark, WW monogram, monogram JH (= Josef Hoffmann)

Abb. 156. Verschiedene Typen des WW-Monogramms, Detail aus Abb. 24, S. 36

Fig. 156: Various types of WW monograms, detail from Fig. 24, p. 36

Abb. 157. Detail der Abb. 158

Fig. 157: Detail from Fig. 158

Abb. 158. Kennzeichnung einer Kanne (Werknummer S 292), Entwurf Josef Hoffmann, kalkuliert 1904 (WWMB 7, S. 662); Abb. des Kaffeeservices in Neuwirth, WW Avantgarde 1984, Nr. 15, S. 40; Feingehaltspunze Dianakopf im Sechseck, JH-Monogramm, WW- Monogramm, Rosenmarke, Monogramm EA (= Silberschmied Adolf Erbrich). – Wiener Privatbesitz

Fig. 158: Marking of a jug (serial number S 292), design Josef Hoffmann, calculated 1904 (WWMB 7, p. 662); illustration of the coffee service in Neuwirth, WW Avantgarde 1984, no. 15, p. 40; hallmark Diana's head in hexagon, JH monogram, WW monogram, Rose Mark, EA monogram (= silversmith Adolf Erbrich). – Private collection, Vienna

Abb. 159. Josef Hoffmann, Tablett (Werknummer S 498), Silber, kalkuliert 1905 (WWMB 8, S. 498), ähnlich: Tablett (Werknummer 294), kalkuliert 1904-1905 (WWMB 7, S. 664), vgl. K.I. 12058/17 (Werknummer S 294); Höhe (Griffe) 4 cm, Länge 37 cm, Tiefe 22,6 cm. – Wiener Privatbesitz

Fig. 159: Josef Hoffmann, salver (serial number S 498), silver, calculated 1905 (WWMB 8, p. 498), similar: salver (serial number S 294), calculated 1904-1905 (WWMB 7, p. 664), cf. K.I. 12058/17 (serial number S 294); height (handle) 4 cm, length 37 cm, depth 22.6 cm. – Private collection, Vienna

Abb. 160. Kennzeichnung des Tabletts Abb. 159: Feingehaltspunze Dianakopf im Sechseck, JH-Monogramm, WW-Monogramm, Rosenmarke, Monogramm EA (= Silberschmied Adolf Erbrich), Feingehaltszahl 925 vermutlich später angebracht

Fig. 160: Marking of the salver, in Fig. 159: hallmark Diana's head in a hexagon, JH monogram, WW monogram, Rose Mark, EA monogram (= silversmith Adolf Erbrich), hallmark number 925, probably added later

Abb. 161-162. Josef Hoffmann, Dose; Alpaka, versilbert (Werknummer unbekannt), Höhe 4,8 cm, Länge 18 cm, Tiefe 10 cm. – Wiener Privatbesitz

Figs. 161-162: Josef Hoffmann, box: alpaca, silver plated (serial number not known), height 4.8 cm, length 18 cm, depth 10 cm. – Private collection, Vienna

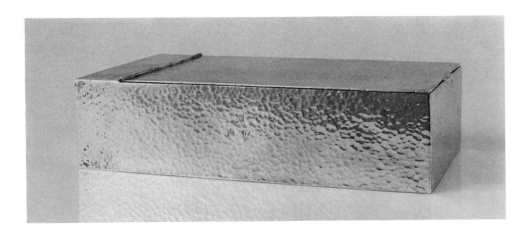

Abb. 163. Kennzeichnung der Dose Abb. 161-162: Rosenmarke, WW-Monogramm, JH-Monogramm

Fig 163: Marking of the box in Figs. 161-162: Rose Mark, WW monogram, JH monogram

Abb. 164. Kennzeichnung einer Uhr von Josef Hoffmann (Kupfer, gehämmert, Werknummer M 156, Abb. in: Neuwirth, WW Avantgarde 1984, Nr. 17, S. 44): WW-Monogramm, Rosenmarke, JH-Monogramm, Monogramm CK (= Silberschmied bzw. Metallarbeiter Carl Kallert)

Fig. 164: Marking of a clock by Josef Hoffmann (hammered copper, serial number M 156, illustrated in: Neuwirth, WW Avantgarde 1984, no. 17, p. 44): WW monogram, Rose Mark, JH monogram, monogram CK (= silversmith and metal worker Carl Kallert)

151

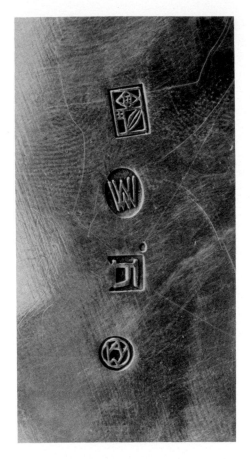

Abb. 165. Kennzeichnung der Deckeldose
Abb. 166: Rosenmarke, WW-Monogramm,
JH-Monogramm, Monogramm AW (= Metall-
arbeiter Adolf Wertnik)

Fig. 165: Marking of box in Fig. 166: Rose
Mark, WW monogram, JH monogram, monogram AW (= metal worker Adolf Wertnik)

Abb. 166. Josef Hoffmann, Deckeldose (Werknummer M 123), Alpaka, versilbert; erste Kalkulation undatiert (wohl 1903), erstmals abgegeben September 1904, spätere Kalkulationen 1904-1905 (WWMB 3, S. 293 und WWMB 5, S. 915); Durchmesser 19,8 cm, Höhe 6,1 cm. – Wiener Privatbesitz

Fig. 166: Josef Hoffmann, box (serial number M 123), alpaca, silver-plated; first calculation undated (probably 1903), first traded September 1904, later calculations 1904-1905 (WWMB 3, p. 293 and WWMB 5, p. 915); diameter 19.8 cm, height 6.1 cm. – Private collection, Vienna

Abb. 167-168. Kennzeichnung einer Schale (Werknummer S 17) von Josef Hoffmann (Abb. in: Neuwirth, WW Avantgarde 1984, Nr. 6, S. 31): Monogramm JH (= Josef Hoffmann), WW-Monogramm, Dianakopf im Fünfpaß, Monogramm JH im Kreis (= Metallarbeiter Josef Holi), Rosenmarke

Figs. 167-168: Marking of a bowl (serial number S 17) by Josef Hoffmann (illustrated in Neuwirth, WW Avantgarde 1984, no. 6, p. 31): monogram JH (= Josef Hoffmann), WW monogram, Diana's head in a cinquefoil, JH monogram in a circle (= metal worker Josef Holi), Rose Mark

Abb. 169. Josef Hoffmann, Blumenbehälter (Werknummer unbekannt; formal verwandt: Jardinière M 459, kalkuliert 1906, WWMB 30, S. 459); Höhe 10,7 cm, Länge 39,2 cm. – Wiener Privatbesitz

Fig. 169: Josef Hoffmann, flower holder (serial number unknown); similar in shape to jardinière M 459, calculated 1906 (WWMB 30, p. 459); height 10.7 cm, length 39.2 cm. – Private collection, Vienna

Abb. 170. Kennzeichnung des Blumenbehälters Abb. 169: Rosenmarke, WW-Monogramm, Monogramm JH (= Josef Hoffmann), Monogramm JB im Kreis (= Goldschmied Josef Berger)

Fig. 170: Marking of flower holder in Fig. 169: Rose Mark, WW monogram, monogram JH (= Josef Hoffmann), monogram JB in a circle (= goldsmith Josef Berger)

Abb. 171. Kennzeichnung einer Blumenvase
(Werknummer M 458) von Josef Hoffmann
(Abb. in: Neuwirth, WW Avantgarde 1984,
Nr. 22, S. 51): Rosenmarke, WW-Mono-
gramm, JH-Monogramm (= Josef Hoffmann),
Monogramm JB im Kreis (= Goldschmied
Josef Berger)

Fig. 171: Marking of a flower vase (serial
number M 458) by Josef Hoffmann (illustrated in: Neuwirth, WW Avantgarde 1984,
no. 22, p. 51): Rose Mark, WW monogram,
monogram JH (= Josef Hoffmann), monogram JB in a circle (= goldsmith Josef Berger).

Abb. 172-173. Details der Kennzeichnung
Abb. 171

Figs. 172-173: Details of marking in Fig. 171

Abb. 174. Kolo Moser, Aufsatz (Werknummer S 297), kalkuliert 1904 (WWMB 7, S. 687); zeitgenössisches Foto. – ÖMAK, Archiv WW

Fig. 174: Kolo Moser, centre-piece (serial number S 297), calculated 1904 (WWMB 7, p. 687); contemporary photograph. – ÖMAK, Archiv WW

Abb. 175. Kennzeichnung des Aufsatzes Abb. 174: Dianakopf im Fünfpaß, WW-Monogramm, Rosenmarke, Monogramm KM (= Kolo Moser), Monogramm JW im Kreis (= Silberschmied Josef Wagner)

Fig. 175: Marking of centre-piece in Fig. 174: Diana's head in a cinquefoil, WW monogram, Rose Mark, monogram KM (= Kolo Moser), monogram JW in a circle (= silversmith Josef Wagner)

Abb. 176. Josef Hoffmann, Deckelschale (Werknummer S 99), erste Kalkulation undatiert (wohl 1903); erstmals abgegeben Jänner 1904, spätere Kalkulationen 1904 und 1905 (WWMB 3, S. 259), Höhe 9,7 cm, Durchmesser 20,2 cm. – Wiener Privatbesitz

Fig. 176: Josef Hoffmann, lidded bowl (serial number S 99), first calculation undated (probably 1903), first traded January 1904, subsequent calculations 1904 and 1905 (WWMB 3, p. 259); height 9.7 cm, diameter 20.2 cm. – Private collection, Vienna

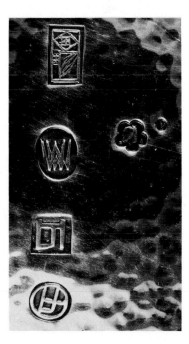

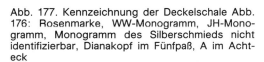

Abb. 177. Kennzeichnung der Deckelschale Abb. 176: Rosenmarke, WW-Monogramm, JH-Monogramm, Monogramm des Silberschmieds nicht identifizierbar, Dianakopf im Fünfpaß, A im Achteck

Fig. 177: Marking of the lidded bowl in Fig. 176: Rose Mark, WW monogram, monogram JH, monogram of silversmith not identifiable, Diana's head in a cinquefoil, A in an octagon

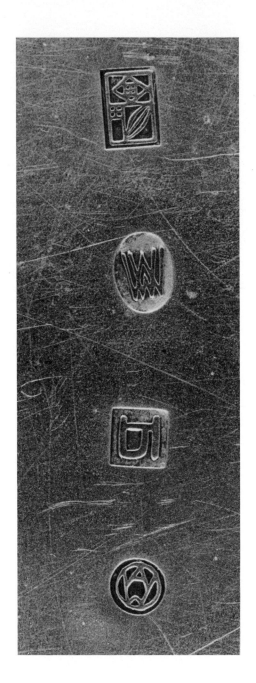

Abb. 178. Kennzeichnung eines Tabletts von Josef Hoffmann, Gegenstück zu Abb. 159: Rosenmarke, WW-Monogramm, JH-Monogramm (= Josef Hoffmann), Monogramm AW im Kreis (= Metallarbeiter Adolf Wertnik). – Wiener Privatbesitz

Fig. 178: Marking of a salver by Josef Hoffmann, counterpart to Fig. 159: Rose Mark, WW monogram, monogram JH (= Josef Hoffmann), monogram AW in a circle (= metal worker Adolf Wertnik). – Private collection, Vienna

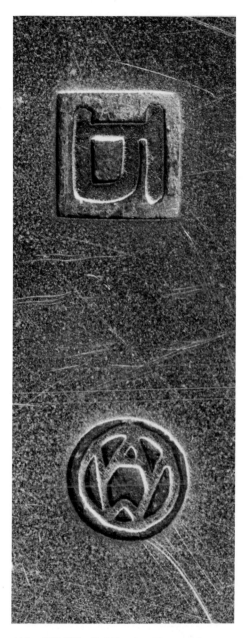

Abb. 179-180. Details der Kennzeichnung
Abb. 178

Figs. 179-180: Details of the marking in
Fig. 178

Abb. 181-182. Kennzeichnung des Zigarrenbehälters Abb. 183: Monogramm JH (= Josef Hoffmann), WW-Monogramm, Rosenmarke, Monogramm JW im Kreis (= Silberschmied Adolf Wertnik)

Figs. 181-182: Marking of cigar box in Fig. 183: monogram JH (= Josef Hoffmann), WW monogram, Rose Mark, monogram JW in a circle (= silversmith Adolf Wertnik)

Abb. 183. Josef Hoffmann, Zigarrenbehälter (Werknummer unbekannt, ähnlich S 448)), Kennzeichnung vgl. Abb. 181-182, im Deckel und auf der Unterseite auch Dianakopf im Fünfpaß, A im Achteck (Deckelknauf), Höhe 14,1 cm, Länge 27,2 cm. – Wiener Privatbesitz

Fig. 183: Josef Hoffmann, cigar box (serial number not known, similar to S 448), marking cf. Figs. 181-182, in the lid and on the underneath, also Diana's head in a cinquefoil, A in an octagon (knob of lid); height 14.1 cm, length 27.2 cm. – Private collection, Vienna

Abb. 184. Kennzeichnung einer Tischlampe von Kolo Moser (Werknummer ähnlich M 88-90), kalkuliert 1903 (WWMB 3, S. 193, Abb. in: Neuwirth, WW Avantgarde 1984, Nr. 4, S. 29): Rosenmarke, WW-Monogramm, Monogramm KM (= Kolo Moser). – Wiener Privatbesitz

Fig. 184: Marking of a table lamp by Kolo Moser (serial number similar to M 88-90), calculated 1903 (WWMB 3, p. 193), illustrated in: Neuwirth, WW Avantgarde 1984, no. 4, p. 29): Rose Mark, WW monogram, monogram KM (= Kolo Moser). – Private collection, Vienna

Abb. 185. Kolo Moser, Blumenbehälter
(Werknummer M 17), kalkuliert 1903-1904
(WWMB 4, S. 29); zeitgenössisches Foto. –
ÖMAK, Archiv WW

Fig. 185: Kolo Moser, flower holder (serial
number M 17), calculated 1903-1904
(WWMB 4, p. 29); contemporary photograph.
– ÖMAK, Archiv WW

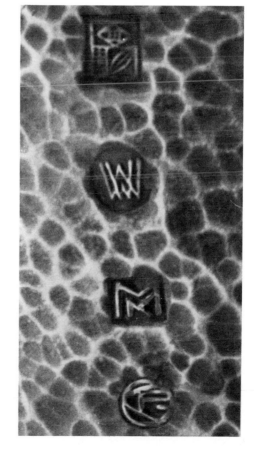

Abb. 186. Kennzeichnung des Blumenbehälters M 17, Detail aus Abb. 185: Rosenmarke,
WW-Monogramm, Monogramm MK (= Kolo
Moser), Monogramm FG im Kreis (= Metallarbeiter Franz Guggenbichler)

Fig. 186: Marking of flower holder M 17, detail from Fig. 185: Rose Mark, WW monogram, monogram MK (= Kolo Moser), monogram FG in a circle (= metal worker Franz
Guggenbichler)

Abb. 187. Detail der Kennzeichnung Abb. 188

Fig. 187: Detail of marking in Fig. 188

Abb. 188. Kennzeichnung der Serviertasse Abb. 189: Monogramm MK (= Kolo Moser), Feingehalts-
punzen A im Achteck sowie Dianakopf im Fünfpaß, Rosenmarke, Monogramm AM im Kreis (= Silberschmied Alfred Mayer)

Fig. 188: Marking of salver in Fig. 189: monogram MK (= Kolo Moser), hallmark A in an octagon and
Diana's head in a cinquefoil, Rose Mark, monogram AM in a circle (= silversmith Alfred Mayer)

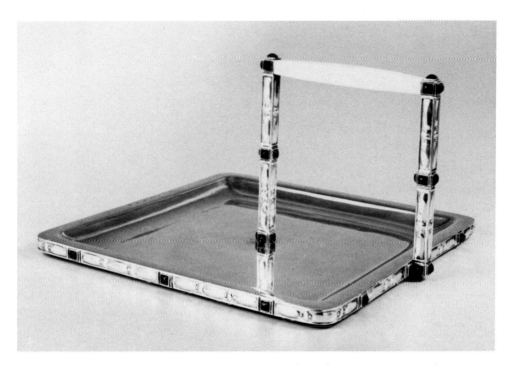

Abb. 189. Kolo Moser, Serviertasse (Werknummer S 270), kalkuliert 1904-1914 (WWMB 7, 629 und WWMB 5, S. 928; ÖMAK Inv. K.I. 12587/3); Silber, Elfenbein, Lapislazuli; Höhe 14,8 cm, Länge 26,8 cm. – Wiener Privatbesitz

Fig. 189: Kolo Moser, salver (serial number S 270), calculated 1904-1914 (WWMB 7, p. 629 and WWMB 5, p. 928; ÖMAK Inv. K.I. 12587/3); silver, ivory, lapis lazuli; height 14.8 cm, length 26.8 cm. – Private collection, Vienna

Abb. 190

Abb. 191. Josef Hoffmann, Dose (Werknummer M 238), Alpaka, kalkuliert 1904-1905 (WWMB 7, S. 545; ohne Kugel: M 237, WWMB 7, S. 544); Kennzeichnung vgl. Abb. 190; Höhe 10,3 cm (mit Knauf), 16,8 × 16,8 cm. – Wiener Privatbesitz

Fig. 191: Josef Hoffmann, box (serial number M 238), alpaca, calculated 1904-1905 (WWMB 7, p. 545; without ball: M 237, WWMB 7, p. 544); marking cf. Fig. 190; height 10.3 cm (with knob), 16.8 × 16.8 cm. – Private collection, Vienna

Abb. 190. Kennzeichnung der Dose Abb. 191: Rosenmarke, WW-Monogramm, Monogramm JH (= Josef Hoffmann), Monogramm FG (= Metallarbeiter Franz Guggenbichler)

Fig. 190: Marking of the box in Fig. 191: Rose Mark, WW monogram, monogram JH (= Josef Hoffmann), monogram FG (= metal worker Franz Guggenbichler)

Abb. 192. Kennzeichnung der Deckeldose Abb. 193: Rosenmarke, Monogramm JH (= Josef Hoffmann), Dianakopf im Fünfpaß, daneben bisher ungedeuteter Buchstabe (A?), Monogramm JH im Kreis (= Metallarbeiter Josef Holi), WW-Monogramm

Fig. 192: Marking of box in Fig. 193: Rose Mark, monogram JH (= Josef Hoffmann), Diana's head in a cinquefoil, beside it an undeciphered letter (A?), monogram JH in a circle (= metal worker Josef Holi), WW monogram

Abb. 193. Josef Hoffmann, Deckeldose (Werknummer S 28), Silber; erste Kalkulation undatiert (wohl 1903), erstmals abgegeben Juli 1904 (WWMB 4, S. 68); Kennzeichnung vgl. Abb. 192, zusätzlich noch auf dem Deckel: zweimal ein A im Achteck sowie WW-Monogramm und Dianakopf im Fünfpaß; Höhe 14,2 cm, Länge 15,5 cm. – Wiener Privatbesitz

Fig. 193: Josef Hoffmann, box (serial number S 28), silver; first calculation undated (probably 1903), first traded July 1904 (WWMB 4, p. 68); marking cf. Fig. 192, also on the lid: two A's in an octagon, WW monogram and Diana's head in a cinquefoil; height 14.2 cm, length 15.5 cm. – Private collection, Vienna

ROSENMARKE UND WW-MONOGRAMM (RECHTECKIG GERAHMT ODER UNGERAHMT)

Auf das WW-Monogramm wird, wie bereits erwähnt, im zweiten Band der Schutzmarken-Publikation eingegangen werden. Hier sei nur die Kombination Rosenmarke/WW-Monogramm untersucht.

Nahezu quadratisch gerahmt, erscheint das WW-Monogramm als Stanze neben Rosenmarke, Entwerfer- und Handwerkermonogrammen als Kennzeichen eines Bucheinbandes (Abb. 195, S. 174); eine formale Parallele dazu stellt in bezug auf Rosenmarke und WW-Monogramm die Geschäftskarte einer Wiener Werkstätte-Vertretung dar (Abb. 196, S. 175).

Das ungerahmte, charakteristisch schmale WW-Monogramm mancher Metallarbeiten (Abb. 197-198, S. 176; Abb. 205, S. 180) scheint sich, wieder kombiniert mit der Rosenmarke, auf die Zeit um 1904/05 einschränken zu lassen.

Verschiedene Varianten des gerahmten oder ungerahmten WW-Monogramms von eher quadratischer Form sind auf der Metalltafel des Hauptpunzierungsamtes Wien zu finden (Abb. 156, S. 147); eine chronologische Reihung, die sich von etwa 1904/05 bis zur Auflösung der Metallwerkstätte der Wiener Werkstätte erstreckt, konnte ich bisher noch nicht erarbeiten und wird wohl dem erwähnten zweiten Band der Schutzmarkenpublikation vorbehalten bleiben.

Sehr selten ist eine vollständige, auch Handwerker-Kennzeichen umfassende Markengebung bei einem so spät zu datierenden Objekt wie dem Pokal (Abb. 232-235, S. 198-201); etwa nach 1910 kommen Handwerker-Kennzeichen auf Wiener Werkstätte-Gegenständen kaum mehr vor, was vielleicht auch mit der Umstellung von handwerksmäßigen auf fabriksmäßige Gewerbe zusammenhängen mag (vgl. Neuwirth, WW Avantgarde 1984, S. 18).

THE ROSE MARK COMBINED WITH THE WW MONOGRAM IN A SQUARE FRAME OR UNFRAMED

As mentioned above, the WW monogram will be examined in detail in the second volume of the book on trade marks. Only the combination of the Rose Mark and the WW monogram is examined here.

In an almost square frame, the WW monogram appears as a stamp on a bookbinding along with the Rose Mark, the designer's and craftsman's monograms (Fig. 195, p. 174). A formal parallel to this with the Rose Mark and the WW monogram can be found on the business card of a Wiener Werkstätte representation (Fig. 196, p. 175).

The unframed, characteristically narrow WW monogram on some metalwork (Figs. 197, 198, p. 176; Fig. 205, p. 180) appears to have been limited – again in combination with the Rose Mark – to the period around 1904/05.

Different variations of the framed or unframed WW monogram more or less square in shape can be found on the metal plate of the Main Assay Office in Vienna (Fig. 156, p. 147). I have not so far been able to work out a chronological order from about 1904/05 till the closure of the metal workshops of the Wiener Werkstätte, and this will have to be kept for the second volume of the book on trade marks.

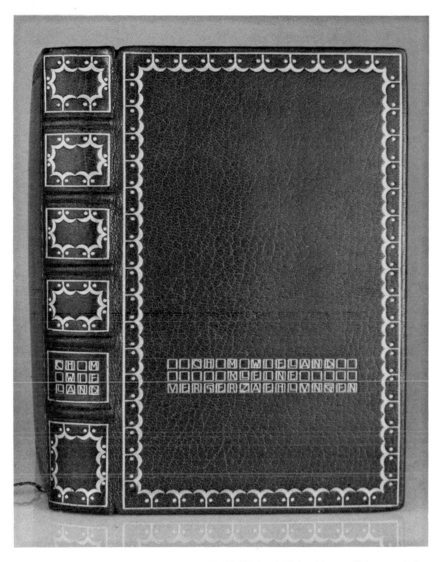

Abb. 194. Kolo Moser, Bucheinband zu Ch. M. Wieland, Kleine Verserzählungen, Leipzig 1905, Werknummer Bl 157, kalkuliert 1905 (WWMB 1, S. 85; Farbabb. in: Neuwirth, WW Avantgarde 1984, Nr. 32, S. 60); rotes Maroquinleder mit Goldprägung; Kennzeichnung vgl. Abb. 195; 17,2 × 11,5 cm. – ÖMAK, Inv. B.I. 20312 (Ausst. I 243)

Fig. 194: Kolo Moser, bookbinding for Ch. M. Wieland's "Kleine Verserzählungen", Leipzig 1905, serial number Bl 157, calculated 1905 (WWMB 1, p. 85; colour illustration in: Neuwirth, WW Avantgarde 1984, no. 32, p. 60); red morocco leather with gold printing; marking cf. Fig. 195; 17.2 × 11.5 cm. – ÖMAK, Inv. B.I. 20312 (exhibition I 243)

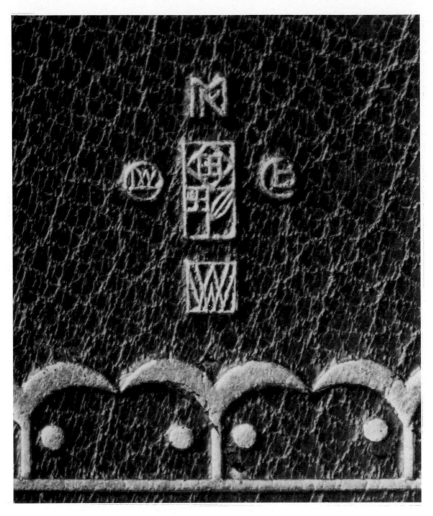

Abb. 195. Kennzeichnung des Bucheinbandes Abb. 194: Monogramm MK (= Kolo Moser), WW-Monogramm, Rosenmarke, Monogramm LW im Kreis (= Ludwig Willner) und CB (= Carl Beitel)

Fig. 195: Marking of the bookbinding in Fig. 194: monogram MK (= Kolo Moser), WW monogram, Rose Mark, monogram LW in a circle (= Ludwig Willner) and CB (= Carl Beitel)

One rarely finds such a complete marking, including craftsmen's marks on such a late object as the goblet (Figs. 232-235, pp. 198-201). Craftsmen's marks hardly appear on Wiener Werkstätte objects after about 1910, perhaps due to the change-over from manual to factory production (cf. Neuwirth, WW Avantgarde 1984, p. 18).

174

Abb. 196. Geschäftskarte einer Generalvertretung der Wiener Werkstätte mit Rosenmarke und WW-Monogramm; 4,9 × 7,4 cm (Druck). – ÖMAK, Archiv WW

Fig 196: Business card of a general representation of the Wiener Werkstätte with Rose Mark and WW monogram; 4.9 × 7.4 cm (printed). – ÖMAK, Archiv WW

Abb. 197. Kennzeichnung eines Essig-und-Öl-Ständers (Werknummer S 452) von Kolo Moser (Abb. in: Neuwirth, WW Avantgarde 1984, Nr. 43, S. 72): Dianakopf im Fünfpaß, WW-Monogramm, Monogramm MK (= Kolo Moser), Rosenmarke, Monogramm MA im Kreis (= Silberschmied Alfred Mayer)

Fig. 197: Marking of a cruet-stand (serial number S 452) by Kolo Moser (illustrated in Neuwirth, WW Avantgarde 1984, no. 43, p. 72): Diana's head in a cinquefoil, WW monogram, monogram MK (= Kolo Moser), Rose Mark, monogram MA in a circle (= silversmith Alfred Mayer)

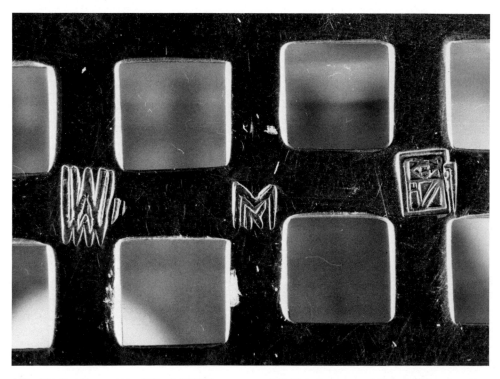

Abb. 198. Detail aus Abb. 197 mit WW-Monogramm, MK-Monogramm und Rosenmarke

Fig. 198: Detail from Fig. 197 showing WW monogram, MK monogram and Rose Mark

Abb. 199. Kolo Moser, Vase (Werknummer S 356), kalkuliert 1904 (WWMB 5, S. 868; ÖMAK Inv. K.I. 12591/1); Silber; Kennzeichnung vgl. Abb. 200; Höhe 21,3 cm. – Wiener Privatbesitz

Fig. 199: Kolo Moser, vase (serial number S 356), calculated 1904 (WWMB 5, p. 868; ÖMAK, Inv. K.I. 12591/1); silver; marking cf. Fig. 200; height 21.3 cm. – Private collection, Vienna

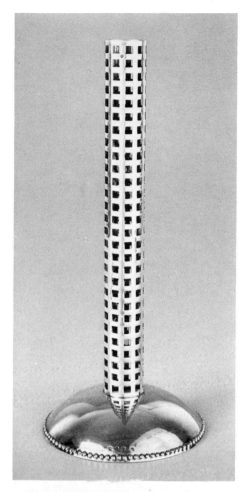

Abb. 200. Kennzeichnung der Vase Abb. 199: WW-Monogramm, Dianakopf im Sechseck, Monogramm MK (= Kolo Moser), Rosenmarke

Fig. 200. Marking of the vase in Fig. 199: WW monogram, Diana's head in a hexagon, monogram MK (= Kolo Moser), Rose Mark

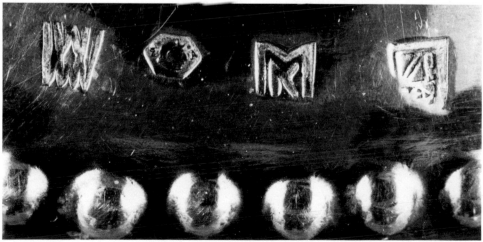

Abb. 201. Josef Hoffmann, Gittergefäß (Werknummer unbekannt), Höhe 9,7 cm; Kennzeichnung vgl. Abb. 202. – Wiener Privatbesitz

Fig. 201: Josef Hoffmann, latticework vessel (serial number unknown), height 9.7 cm; marking cf. Fig. 202. – Private collection, Vienna

Abb. 202. Kennzeichnung des Blumenbehälters(?) Abb. 201: Monogramm JH (= Josef Hoffmann), Dianakopf im Sechseck, WW-Monogramm, Rosenmarke

Fig. 202: Marking of the flower vase (?) in Fig. 201: monogram JH (= Josef Hoffmann), Diana's head in a hexagon, WW monogram, Rose Mark

Abb. 203. Kolo Moser, Brot- oder Fruchtkörbchen (Werknummer S 377); Silber; kalkuliert 1905 (WWMB 5, S. 890; ähnlich S 376, WWMB 5, S. 889); Kennzeichnung vgl. Abb. 204; Höhe 5,3 cm, Durchmesser 16,1 cm. – Wiener Privatbesitz

Fig. 203: Kolo Moser, bread or fruit basket (serial number S 377); silver; calculated 1905 (WWMB 5, p. 890; similar to S 376, WWMB 5, p. 889); cf. marking in Fig. 204; height 5.3 cm, diameter 16.1 cm. – Private collection, Vienna

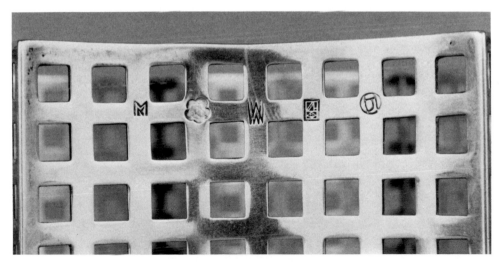

Abb. 204. Kennzeichnung des Körbchens Abb. 203: Monogramm MK (= Kolo Moser), Dianakopf im Fünfpaß, WW-Monogramm, Rosenmarke, Monogramm JH im Kreis (= Josef Holi)

Fig. 204: Marking of the basket in Fig. 203: monogram MK (= Kolo Moser), Diana's head in a cinquefoil, WW monogram, Rose Mark, monogram JH in a circle (= Josef Holi)

Abb. 205. Kennzeichnung eines Eierbechers (Werknummer S 215; kalkuliert 1904-1905; WWMB 7, S. 447) von Josef Hoffmann (Abb. in: Neuwirth, Hoffmann-Bestecke, Abb. 34, S. 53): WW-Monogramm, Dianakopf im Fünfpaß, Rosenmarke, Monogramm JH (= Josef Hoffmann). – ÖMAK, Inv. Go 2057

Fig. 205: Marking of an egg-cup (serial number S 215, calculated 1904-1905, WWMB 7, p. 447) by Josef Hoffmann (illustrated in: Neuwirth, Hoffmann-Bestecke, Fig. 34, p. 53): WW monogram, Diana's head in a cinquefoil, Rose Mark, monogram JH (= Josef Hoffmann). – ÖMAK, Inv. Go 2057

Abb. 206. Kolo Moser, Bonbonkörbchen (Werknummer S 691); Silber; kalkuliert 1906 (WWMB 8, S. 691); Kennzeichnung vgl. Abb. 207; Höhe 8,6 cm. – ÖMAK, Inv. Go 1399 (erworben 1908, Kunstschau)

Fig. 206: Kolo Moser, sweet basket (serial number S 691); silver; calculated 1906 (WWMB 8, p. 691); cf. marking in Fig. 207; height 8.6 cm. – ÖMAK, Inv. Go 1399 (acquired 1908, art show)

Abb. 207. Kennzeichnung des Bonbonkörbchens Abb. 206: Dianakopf im Sechseck, Monogramm MK (= Kolo Moser), WW-Monogramm, Monogramm JW im Kreis (= Josef Wagner), Rosenmarke

Fig. 207: Marking of the sweet basket in Fig. 206: Diana's head in a hexagon, monogram MK (= Kolo Moser), WW monogram, monogram JW in a circle (= Josef Wagner), Rose Mark

Abb. 208. Josef Hoffmann, Kassette (Werknummer S 1167); Silber; kalkuliert 1908 (WWMB 10, S. 1167); Kennzeichnung vgl. Abb. 209; 12 × 12 cm, Höhe 7,6 cm. – ÖMAK, Inv. Go 1396 (erworben 1908, Kunstschau)

Fig. 208: Josef Hoffmann, casket (serial number S 1167); silver; calculated 1908 (WWMB 10, p. 1167); cf. marking in Fig. 209; 12 × 12 cm, height 7.6 cm. – ÖMAK, Inv. Go 1396 (acquired 1908, art show)

Abb. 209. Kennzeichnung der Kassette Abb. 208: Monogramm JH (= Josef Hoffmann), Dianakopf im Sechseck, WW-Monogramm, Monogramm MA im Kreis (= Silberschmied Alfred Mayer), Rosenmarke

Fig. 209: Marking of the casket in Fig. 208: monogram JH (= Josef Hoffmann), Diana's head in a hexagon, WW monogram, monogram MA in a circle (= silversmith Alfred Mayer), Rose Mark

Abb. 210. Carl Otto Czeschka, Aufsatz (Werknummer S 816), Silber, Perlschalen, Glaseinsatz; kalkuliert 1906-1907 (WWMB 9, S. 816), Kennzeichnung vgl. Abb. 211; Höhe 10,2 cm. – ÖMAK, Inv. Go 1391 (erworben 1908, Kunstschau)

Fig. 210: Carl Otto Czeschka, centre-piece (serial number S 816), silver, pearl cups, glass insert; calculated 1906-1907 (WWMB 9, p. 816), cf. marking in Fig. 211; height 10.2 cm. – ÖMAK, Inv. Go 1391 (acquired 1908, art show)

Abb. 211. Kennzeichnung des Aufsatzes Abb. 210: Monogramm COC (= Carl Otto Czeschka), Monogramm EA im Kreis (= Silberschmied Adolf Erbrich), WW-Monogramm, Dianakopf im Sechseck, Rosenmarke

Fig. 211: Marking of centre-piece in Fig. 210: monogram COC (= Carl Otto Czeschka), monogram EA in a circle (= silversmith Adolf Erbrich), WW monogram, Diana's head in a hexagon, Rose Mark

Abb. 212. Kennzeichnung der Silbermontierung des Teeglases Abb. 214: WW-Monogramm, Monogramm COC (= Carl Otto
Czeschka), WIENER WERK STÄTTE, Monogramm KT im Kreis (= Silberschmied, uniden-
tifiziert), Dianakopf im Sechseck, Rosenmarke

Fig 212: Marking of the silver mounting of the
tea glass in Fig. 214: WW monogram, monogram COC (= Carl Otto Czeschka), WIENER
WERK STÄTTE, monogram KT in a circle
(= unidentified silversmith), Diana's head in a
hexagon, Rose Mark

Abb. 213. Kennzeichnung der Untertasse eines Teeglases, Abb. 214: Rosenmarke, WIENER WERK-
STÄTTE, Dianakopf im Sechseck, Monogramm JH im Kreis (= Silberschmied Josef Hossfeld), Monogramm COC (= Carl Otto Czeschka)

Fig. 213: Marking of the saucer of a tea glass, Fig. 214: Rose Mark, Wiener WERKSTÄTTE, Diana's
head in a hexagon, monogram JH in a circle (= silversmith Josef Hossfeld), monogram COC (= Carl
Otto Czeschka)

Abb. 214. Carl Otto Czeschka, Teeglas mit Untersatz (Werknummer S S 1746); Silber mit Glaseinsatz; kalkuliert 1909-1910 und später (WWMB 12, S. 1746 sowie S. 1858); Höhe 12 cm; Kennzeichnung vgl. Abb. 212 und 213. – ÖMAK, Inv. W.I. 976 (inventarisiert am 21. 2. 1911)

Fig. 214: Carl Otto Czeschka, tea glass with saucer (serial number S 1746); silver with glass insert; calculated 1909-1910 and later (WWMB 12, p. 1746 and p. 1858); height 12 cm; marking cf. Figs. 212 and 213. – ÖMAK, Inv. W.I. 976 (inventoried on 21st February 1911)

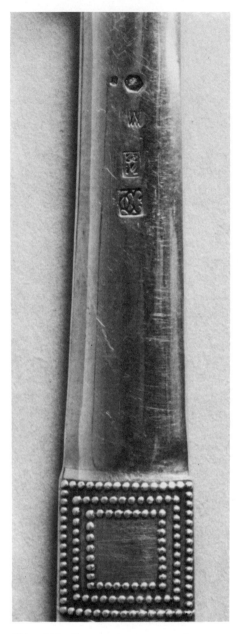

Abb. 215. Kennzeichnung des Bestecks
Abb. 217: A im Achteck, Dianakopf im
Sechseck, WW-Monogramm, Rosenmarke,
Monogramm COC (= Carl Otto Czeschka)

Fig. 215: Marking of cutlery in Fig. 217: A in
an octagon, Diana's head in a hexagon, WW
monogram, Rose Mark, monogram COC (=
Carl Otto Czeschka)

Abb. 216. Detail aus Abb. 215

Fig. 216: Detail from Fig. 215

Abb. 217. Carl Otto Czeschka, Dessertgabel und -löffel aus einem Besteck (Werknummern S 2814 und S 2816); Silber (zwei Varianten: mit und ohne Stein, verschiedene Werknummern); Kennzeichnung vgl. Abb. 215-216; kalkuliert 1912 (WWMB 11, S. 2814 und 2816); Länge je 17,8 cm. – Wiener Privatbesitz

Fig. 217: Carl Otto Czeschka, dessert fork and spoon from a set of cutlery (serial numbers S 2814 and S 2816); silver (two versions: with and without stone, different serial numbers); marking cf. Figs. 215-216; calculated 1912 (WWMB 11, p. 2814 and 2816); length each 17.8 cm. – Private collection, Vienna

Abb. 218. Josef Hoffmann, Dose (Werknummer unbekannt); Silber, Halbedelstein; Kennzeichnung vgl. Abb. 219; 6 × 6,6 cm, Höhe 2,7 cm. – Wiener Privatbesitz

Fig. 218: Josef Hoffmann, box (serial number unknown); silver, semi-precious stone; marking cf. Fig. 219; 6 × 6.6 cm, height 2.7 cm. – Private collection, Vienna

Abb. 219. Kennzeichnung der Dose Abb. 218: Monogramm JH (= Josef Hoffmann), Dianakopf im Sechseck, WW-Monogramm, Rosenmarke, Monogramm
AW im Kreis (= Silberschmied Adolf Wertnik?)

Fig. 219: Marking of the box in Fig. 218: monogram JH (= Josef Hoffmann),
Diana's head in a hexagon, WW monogram, Rose Mark, monogram AW in a
circle (= silversmith Adolf Wertnik?)

Abb. 220. Kennzeichnung der Brosche Abb. 221: Rosenmarke, Monogramm JH (= Josef Hoff-mann), Monogramm PK im Kreis (= Goldschmied Karl Ponocny), A im Achteck, Windspielkopf, WW-Monogramm

Fig. 220: Marking of the brooch in Fig. 221: Rose Mark, monogram JH (= Josef Hoffmann), mono-gram PK in a circle (= goldsmith Karl Ponocny), A in an octagon, greyhound head, WW monogram

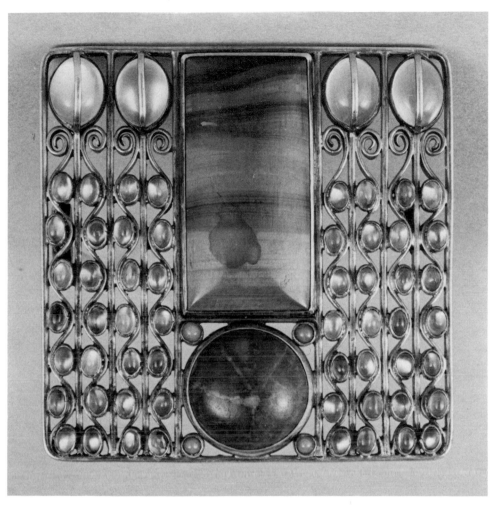

Abb. 221. Josef Hoffmann, Brosche (Werknummer G 368); Silber mit Steinen; kalkuliert 1905 (WWMB 5, S. 973); Farbabb. in: Neuwirth, WW Avantgarde 1984, Nr. 36, S. 65; Kennzeichnung vgl. Abb. 220; 4,6 × 4,6 cm. – Galerie bei der Albertina (Christa Zetter), Wien

Fig. 221: Josef Hoffmann, brooch (serial number G 368); silver with stones; calculated 1905 (WWMB 5, p. 973); illustrated in colour in: Neuwirth, WW Avantgarde 1984, no. 36, p. 65; marking cf. Fig. 220; 4.6 × 4.6 cm. – Galerie bei der Albertina (Christa Zetter), Vienna

Abb. 222-223. Kennzeichnung einer Brosche von Josef Hoffmann (Werknummer G 1297); Silber, Steine; kalkuliert 1911
(WWMB 67, S. 1297); Farbabb. in: Neuwirth, WW Avantgarde
1984, Nr. 78, S. 114. – Dianakopf im Sechseck, A im Achteck,
Monogramm JH (= Josef Hoffmann), Rosenmarke, WW-Monogramm

Figs. 222-223: Marking of a brooch by Josef Hoffmann (serial
number G 1297); silver, stones; calculated 1911 (WWMB 67,
p. 1297); illustrated in colour in: Neuwirth, WW Avantgarde 1984,
no. 78, p. 114. Diana's head in a hexagon, A in an octagon,
monogram JH (= Josef Hoffmann), Rose Mark, WW monogram

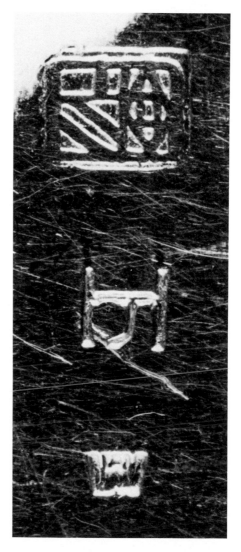

Abb. 224. Kennzeichnung des Armbands von Josef Hoffmann (Werknummer G 1868); Gold, Steine, Elfenbein; kalkuliert 1914 (WWMB 69, S. 1868; Farbabb. in: Neuwirth, WW Avantgarde 1984, Nr. 104, S. 142): Rosenmarke, Monogramm JH (= Josef Hoffmann), WW-Monogramm

Fig. 224: Marking of a bracelet by Josef Hoffmann (serial number G 1868); gold, stones, ivory; calculated 1914 (WWMB 69, p. 1868; colour illustration in: Neuwirth, WW Avantgarde 1984, no. 104, p. 142): Rose Mark, monogram JH (= Josef Hoffmann) and WW monogram

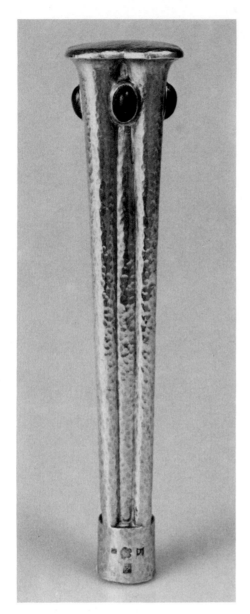

Abb. 225. Josef Hoffmann, Griff (Werknummer unbekannt); Silber, Steine; Kennzeichnung vgl. Abb. 226; Höhe 11,6 cm. – Galerie Belle Etage (Wolfgang Bauer), Wien

Fig. 225: Josef Hoffmann, handle (serial number unknown); silver, stones; marking cf. Fig. 226; height 11.6 cm. – Galerie Belle Etage (Wolfgang Bauer), Vienna

Abb. 226. Kennzeichnung des Griffs Abb. 225: WW-Monogramm, Dianakopf im Fünfpaß, Monogramm JH (= Josef Hoffmann), Rosenmarke

Fig. 226: Marking of the handle in Fig. 225: WW monogram, Diana's head in a cinquefoil, monogram JH (= Josef Hoffmann), Rose Mark

Abb. 227. Deckeldose (Werknummer unbekannt); Silber; Kennzeichnung vgl. Abb. 228. – Wiener Privatbesitz

Fig. 227: Lidded box (serial number unknown); silver; marking cf. Fig. 228. – Private collection, Vienna

Abb. 228. Kennzeichnung der Deckeldose Abb. 227: WW-Monogramm, Rosenmarke, WW-Monogramm, Dianakopf im Sechseck

Fig. 228: Marking of box in Fig. 227: WW monogram, Rose Mark, WW monogram, Diana's head in a hexagon

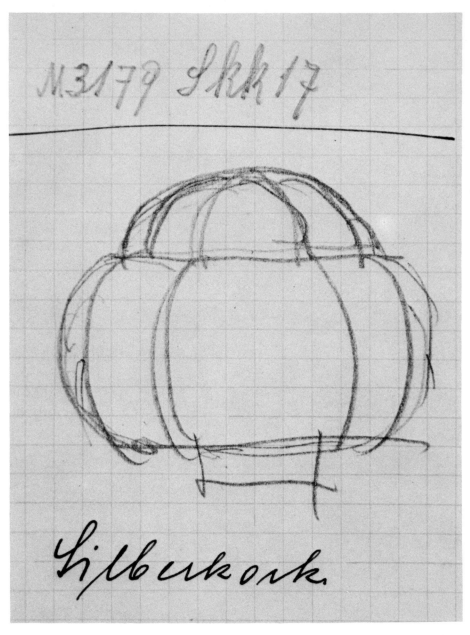

Abb. 229. Josef Hoffmann, Entwurf für einen Silberkork (Werknummer M 3179, später S kk 17), vgl. Abb. 230; Höhe 5,5 cm. – ÖMAK, Inv. K.I. 12094/8

Fig. 229: Josef Hoffmann, design for a silver cork (serial number M 3179, later S kk 17), cf. Fig. 230; height 5.5 cm. – ÖMAK, Inv. K.I. 12094/8

Abb. 230. Josef Hoffmann, Silberkork (Werknummer M 3179, später S kk 17 sowie M kk as 3); Silber; kalkuliert 1920 (Silber) bzw. 1923-1929 (Alpaka) (WWMB 38, Nr. 3179 bzw. Karteikarte S kk 17 und M kk as 3); Kennzeichnung vgl. Abb. 231; Höhe 5,8 cm. – Wiener Privatbesitz

Fig. 230: Josef Hoffmann, silver cork (serial number M 3179, later S kk 17 and M kk as 3); silver; calculated 1920 (silver) and 1923-1929 (alpaca) (WWMB 38, no. 3179 and filing card S kk 17 and M kk as 3); marking cf. Fig. 231; height 5.8 cm. – Private collection, Vienna

Abb. 231. Kennzeichnung des Silberkorks Abb. 230: Rosenmarke, WW-Monogramm, Monogramm JH (= Josef Hoffmann)

Fig. 231: Marking of the silver cork in Fig. 230: Rose Mark, WW monogram, monogram JH (= Josef Hoffmann)

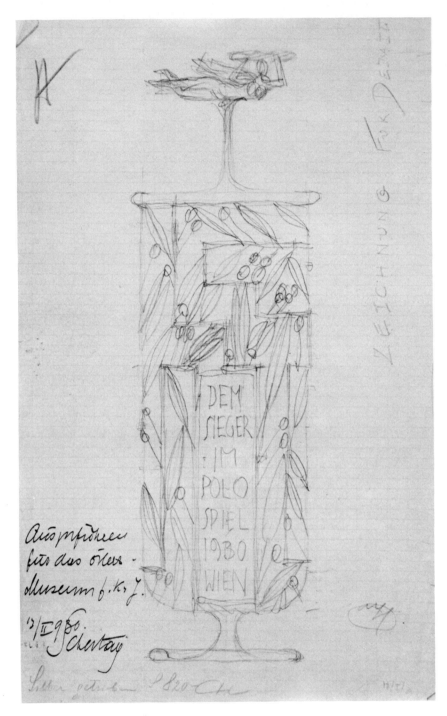

Abb. 232

198

Abb. 232. Josef Hoffmann, Entwurf für einen Pokal (vgl. Abb. 233-235); sign.: Monogramm JH, auf der Rückseite dat.: 15. X. 1929, Werknummer S Neu 16.325; Höhe 30 cm. – ÖMAK, Inv. WWE 29/12

Fig. 232: Josef Hoffmann, design für a goblet (cf. Figs. 233-235); signed: monogram JH, dated on the back: 15. X. 1929, serial number S Neu 16.325; height 30 cm. – ÖMAK, Inv. WWE 29/12

Abb. 233. Josef Hoffmann, Pokal (Werknummer S Neu 16.325; Werkzeichnung ÖMAK, Inv. K.I. 12049/16); Silber; Kennzeichnung vgl. Abb. 234; Höhe 32,2 cm. – ÖMAK, Inv. Go 1798 (erworben 1930)

Fig. 233: Josef Hoffmann, goblet (serial number S Neu 16.325; working drawing ÖMAK, Inv. K.I. 12049/16); silver; marking cf. Fig. 234; height 32.2 cm. – ÖMAK, Inv. Go 1798 (acquired in 1930)

Abb. 234. Kennzeichnung des Pokals Abb.
233 und 235: Monogramm AG im Kreis (=
Grötzbach?), KR (= Kitty Rix?), Monogramm
JH (= Josef Hoffmann), 900, WW-Monogramm, zweimal Feingehaltspunze

Fig. 234: Marking of the goblet in Figs. 233
and 235: monogram AG in a circle (= Grötzbach?), KR (= Kitty Rix?), monogram JH (=
Josef Hoffmann), 900, WW monogram, two
hallmarks

Abb. 235. Josef Hoffmann,
Pokal, vgl. Abb. 233

Fig. 235: Josef Hoffmann,
goblet, cf. Fig. 233

THE ROSE MARK AND THE WIENER WERK STÄTTE SIGNET

The records show that this combination occurred on metal objects from about 1909/10 onwards. The signet alone may have been used earlier as a coloured stamp on white lacquered metal objects (e.g. the familiar lattice-work articles), but without the Rose Mark. The signet stamped on the bottom of some metal objects is conspicuously large (Figs. 236, 237, p. 204), all the other marks appearing tiny by comparison. The marks are commonly arranged in the form of a cross, horizontally or vertically. Three marks used from about 1909/10 form a repetitive canon: designer's monogram, Rose Mark and signet (Figs. 244-266, pp. 210-223), with the signet usually in the middle. It is remarkable that the craftsman's monogram is missing from all the illustrations mentioned above.

This group also includes a box which was calculated by the Wiener Werkstätte in 1904, 1909 and 1914 (Fig. 251, p. 216). In the case of articles which were produced for a longer period of time (which was frequently the case with successful models), it has so far scarcely been possible to put earlier or later variations in a certain chronological order. The results of my research work have enabled me to make certain differences with regard to the metal objects of the Wiener Werkstätte. This also applies to the box mentioned above (Figs. 251, 252, pp. 216-217). At least we do not yet know of any article which can be dated with certainty prior to 1909 and which bears the above-mentioned combination of three marks (Fig. 253, p. 217).

The marks on the many parts of a tea service (Figs. 258-262, pp. 220-221) and on the hammered surface of an inkstand (Figs. 263-266, pp. 222-223) are almost identical. Although the serial numbers of these pieces have not yet been identified, they are similar in shape to objects of polished brass (serial numbers M 1798, M 1868, WWMB 34, p. 1797, p. 1868, both calculated around 1911).

ROSENMARKE UND SIGNET WIENER WERK STÄTTE

Auf Metallobjekten tritt diese Kombination nachweislich ab etwa 1909/10 auf. Das Signet allein dürfte bereits früher als Farbstempel auf weißlackierten Metallobjekten (z.B. den bekannten gegitterten Gegenständen) vorgekommen sein, dort allerdings ohne Rosenmarke.

Auffallend groß ist das Signet den Böden mancher Metallobjekte eingeschlagen (Abb. 236, 237, S. 204); daneben erscheinen alle anderen Zeichen winzig. Kreuzförmige, horizontale oder vertikale Anordnungen der Kennzeichen sind üblich; einen eigenen, immer wiederkehrenden Kanon bilden ab etwa 1909/10 drei eingeschlagene Kennzeichen: Entwerfermonogramm, Rosenmarke, Signet (Abb. 244-266, S. 210-223), wobei das Signet meist in der Mitte steht. Auffallend ist, daß bei allen letztgenannten Abbildungen das Handwerker-Monogramm fehlt.

In diese Gruppe gehört auch eine Deckeldose, die die Wiener Werkstätte nachweislich 1904, 1909 und 1914 kalkulierte (Abb. 251, S. 216). Bei Objekten, die über einen größeren Zeitraum erzeugt wurden (und dies war bei erfolgreichen Modellen häufig der Fall), war es bisher kaum möglich, frühere oder spätere Ausformungen in eine gewisse Chronologie einzubinden. Aufgrund meiner Forschungsergebnisse kann man nun in bezug auf die Metallobjekte der Wiener Werkstätte gewisse Unterscheidungen treffen. Dies dürfte auch für die genannte Deckeldose (Abb. 251-252, S. 216-217) gelten; zumindest ist bisher kein Gegenstand bekannt geworden, der zweifelsfrei vor 1909 geschaffen wurde und die besagte Dreierkombination (Abb. 253, S. 217) trägt.

Fast identisch sind die Kennzeichen auf den vielen Teilen eines Teeservices (Abb. 258-262, S. 220-221) sowie auf den gehämmerten Oberflächen eines Tintenzeugs (Abb. 263-266, S. 222-223), dessen Werknummern bisher zwar nicht zu identifizieren waren, die sich formal jedoch Objekten aus „Messing, poliert" vergleichen lassen (Werknummern M 1798, M 1868, WWMB 34, S. 1797, S. 1868, beide um 1911 kalkuliert).

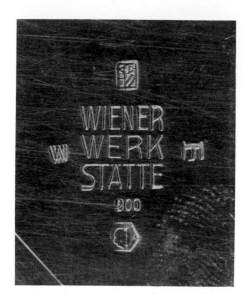

Abb. 236. Kennzeichnung einer Deckeldose von Josef Hoffmann im ÖMAK: Rosenmarke, WW-Monogramm, WIENER WERK STÄTTE, Monogramm JH (= Josef Hoffmann), 900, Dianakopf im Sechseck

Fig. 236: Marking of a box by Josef Hoffmann in the Austrian Museum of Applied Art: Rose Mark, WW monogram, WIENER WERK STÄTTE, monogram JH (= Josef Hoffmann), 900, Diana's head in a hexagon

Abb. 237. Kennzeichnung des Aufsatzes Abb. 238: WIENER WERK STÄTTE, Dianakopf im Sechseck, Monogramm AW im Kreis (= Adolf Wertnik(?), Monogramm JH (= Josef Hoffmann), Rosenmarke, WW-Monogramm

Fig. 237: Marking of centre-piece in Fig. 238: WIENER WERK STÄTTE, Diana's head in a hexagon, monogram AW in a circle (= Adolf Wertnik?), monogram JH (= Josef Hoffmann), Rose Mark, WW monogram

Abb. 238. Josef Hoffmann, Aufsatz (Werknummer S 1859); Silber, kalkuliert 1910 (WWMB 12, S. 1859); Silber; Kennzeichnung vgl. Abb. 237 (vgl. Aufsatz im ÖMAK, Inv. Go 2012); Höhe 19,2 cm. – Wiener Privatbesitz

Fig. 238: Josef Hoffmann, centre-piece (serial number S 1859); silver; calculated 1920 (WWMB 12, p. 1859); silver; marking cf. Fig. 237 (cf. centre-piece in ÖMAK, Inv. Go 2012); height 19.2 cm. – Private collection, Vienna

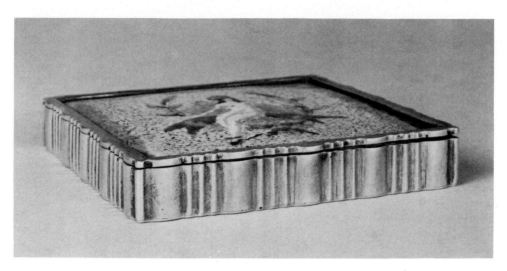

Abb. 239. Josef Hoffmann (Form), Dose (Werknummer unbekannt, ähnlich S 4203); Silber mit Email (Entwerfer des Emailbildes unbekannt); Kennzeichnung vgl. Abb. 240; 7,3 × 7,3 cm, Höhe 1,2 cm. – Wiener Privatbesitz

Fig. 239: Josef Hoffmann (shape), box (serial number unknown, similar to S 4203); silver with enamel (designer of enamel painting unknown); marking cf. Fig. 240; 7.3 × 7.3 cm, height 1.2 cm. – Private collection, Vienna

Abb. 240. Kennzeichnung der Dose Abb. 239 (Deckelinnenseite): Rosenmarke, WW-Monogramm, WIENER WERK STÄTTE, 900, Dianakopf im Sechseck

Fig. 240: Marking of the box in Fig. 239 (inside of lid): Rose Mark, WW monogram, WIENER WERK STÄTTE, 900, Diana's head in a hexagon

Abb. 241. Emailbild der Dose Abb. 239

Fig. 241: Enamel painting of the box in Fig. 239

Abb. 242. Kennzeichnung der Zigarettendose Abb. 243: P mit Stern (= Dagobert Peche), Rosenmarke, WIENER WERK STÄTTE, 900, WW-Monogramm, Dianakopf im Sechseck

Fig. 242: Marking of the cigarette box in Fig. 243: P with star (= Dagobert Peche), Rose Mark, WIENER WERK STÄTTE, 900, WW monogram, Diana's head in a hexagon

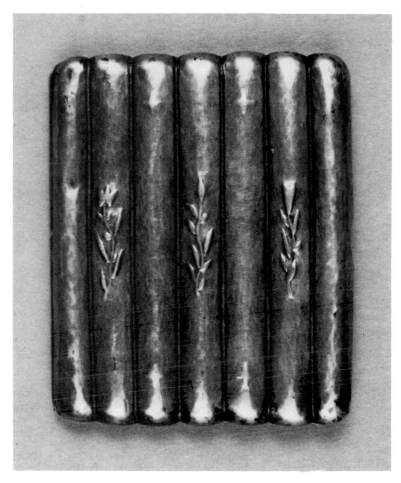

Abb. 243. Dagobert Poche, Zigarettendose (Werknummer S 5045 bzw. S tz 1); Silber, Halbedelstein; kalkuliert 1923-1928 (WWMB 20, Nr. 5045, keine Angaben; Karteikarte S 5045); Kennzeichnung vgl. Abb. 242; 9 × 7,5 cm. – Wiener Privatbesitz

Fig. 243: Dagobert Peche, cigarette box (serial number S 5045 and S tz 1); silver, semi-precious stone; calculated 1923-1928 (WWMB 20, no. 5045, no details; filing card S 5045); marking cf. Fig. 242; 9 × 7.5 cm. – Private collection, Vienna

Abb. 244. Kennzeichnung des Beleuchtungskörpers Abb. 245: Rosenmarke, WIENER WERK STÄTTE, Monogramm JH (= Josef Hoffmann)

Fig. 244: Marking of the lighting fixture in Fig. 245: Rose Mark, WIENER WERK STÄTTE, monogram JH (= Josef Hoffmann)

Abb. 245. Josef Hoffmann, Beleuchtungskörper/Wandbeleuchtung (Werknummer M 1587 = Messing getrieben, vergoldet; M 1615 = Messing poliert, M 1615/1 = Messing vernickelt, M 1615/2 = Zink Weißlack, M 1615/3 = Messing oxydiert, M 1615/4 = Zink oxydiert); Messing; kalkuliert ab 1910 (WWMB 33, S. 1587 bzw. 1615); Höhe 24,5 cm; Kennzeichnung vgl. Abb. 244. – Wiener Privatbesitz

Fig. 245: Josef Hoffmann, lighting fixture/wall lighting (serial number M 1587 = embossed brass, gold-plated; M 1615 = polished brass, M 1615/1 = nickel-plated brass, M 1615/2 = zinc, painted white, M 1615/3 = brass, oxidised, M 1615/4 = zinc, oxidised); brass, calculated from 1910 onwards (WWMB 33, p. 1587 and 1615); height 24.5 cm; marking cf. Fig. 244. – Private collection, Vienna

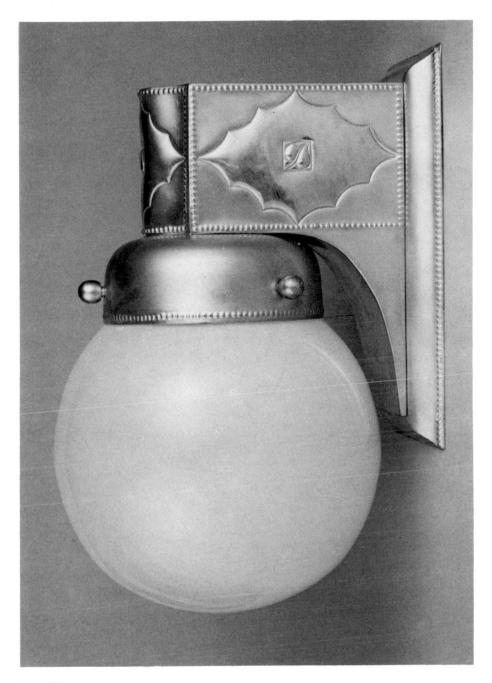

Abb. 245

Abb. 246. Kennzeichnung der Kaminverkleidung Abb. 247: Rosenmarke, WIENER WERK STÄTTE, Monogramm PO (= Otto Prutscher)

Fig. 246: Marking of the fireplace panel in Fig. 247: Rose Mark, WIE-
NER WERK STÄTTE, monogram PO (= Otto Prutscher)

Abb. 247. Otto Prutscher, Ausschnitt aus einer Kaminverkleidung
(Werknummer unbekannt; andere Kaminverkleidungen Prutschers:
M 1659 und M 1713, 1910 und 1911 kalkuliert; WWMB 34, S. 1659,
S. 1713); Höhe des Details: 60 cm. – Wiener Privatbesitz

Fig. 247: Otto Prutscher, detail from a fireplace panel (serial number
unknown; other fireplace panels by Prutscher: M 1659 and M 1713,
calculated 1910 and 1911; WWMB 34, p. 1659, p. 1713); height of detail: 60 cm. – Private collection, Vienna

Abb. 247

Abb. 248. Kennzeichnung einer Vase von Josef Hoffmann (Werknummer M 2044); Messing; kalkuliert 1912 (WWMB 35, S. 2044, Abb. in: Waltraud Neuwirth, Wiener Jugendstilsilber – Original, Fälschung oder Pasticcio, Wien 1980, Abb. 2, S. 18): Monogramm JH (= Josef Hoffmann), WIENER
WERK STÄTTE, Rosenmarke. – ÖMAK, Inv. W.I. 1123

Fig. 248: Marking of a vase by Josef Hoffmann (serial number M 2044); brass; calculated 1912
(WWMB 35, p. 2044, illustrated in Waltraud Neuwirth, Wiener Jugendstilsilber – Original, Fälschung
oder Pasticcio, Vienna 1980, Fig. 2, p. 18): monogram JH (= Josef Hoffmann), WIENER WERK
STÄTTE, Rose Mark. – ÖMAK, Inv. W.I. 1123

Abb. 249. Eduard Josef Wimmer, Dose (Werknummer unbekannt); Messing mit Email; Kennzeichnung vgl. Abb. 250; Maße: 5,1 × 6,1 cm, Höhe 1,6 cm. – ÖMAK, Inv. W.I. 973 (inventarisiert am 21. 2. 1911)

Fig. 249: Eduard Josef Wimmer, box (serial number unknown); brass with enamel; marking cf. Fig. 250; dimensions: 5.1 × 6.1 cm, height 1.6 cm. – ÖMAK, Inv. W.I. 973 (inventoried on 21st February 1911)

Abb. 250. Kennzeichnung der Dose Abb. 249: Rosenmarke, WIENER WERK STÄTTE, Monogramm von Eduard Josef Wimmer

Fig. 250: Marking of the box in Fig. 249: Rose Mark, WIENER WERK STÄTTE, monogram of Eduard Josef Wimmer

Abb. 251. Josef Hoffmann, Deckeldose (in geöffnetem Zustand), (Werknummer M 230); Alpaka; kalkuliert 1904, 1909 und 1914 (WWMB 7, S. 524); Kennzeichnung vgl. Abb. 253; Höhe 10,7 cm. – Wiener Privatbesitz

Fig. 251: Josef Hoffmann, box (open), (serial number M 230); alpaca; calculated 1904, 1909 and 1914 (WWMB 7, p. 524); marking cf. Fig. 253; height 10.7 cm. – Private collection, Vienna

Abb. 252. Josef Hoffmann, Deckeldose (in geschlossenem Zustand), vgl. Abb. 251

Fig. 252: Josef Hoffmann, box (closed), cf. Fig. 251

Abb. 253. Kennzeichnung der Deckeldose Abb. 251-252: Rosen-marke, WIENER WERK STÄTTE, Monogramm JH (= Josef Hoff-mann)

Fig. 253: Marking of box in Figs. 251-252: Rose Mark, WIENER WERK STÄTTE, monogram JH (= Josef Hoffmann)

217

Abb. 254. Josef Hoffmann, Vase (Werknummer M 2054); Alpaka oder Messing versilbert; kalkuliert 1912 (WWMB 35, S. 2054), Kennzeichnung vgl. Abb. 257; Höhe 28,3 cm. – Galerie Belle Etage, Wolfgang Bauer, Wien

Fig. 254: Josef Hoffmann, vase (serial number M 2054); alpaca or silver-plated brass; calculated 1912 (WWMB 35, p. 2054), marking cf. Fig. 257; height 28.3 cm. – Galerie Belle Etage, Wolfgang Bauer, Vienna

Abb. 255. Josef Hoffmann, runde Schale
(Werknummer unbekannt); Messing; Höhe
4,6 cm, Durchmesser oben 18 cm. – Wiener
Privatbesitz

Fig. 255: Josef Hoffmann, round bowl (serial
number unknown); brass; height 4.6 cm, diameter at top 18 cm. – Private collection,
Vienna

Abb. 256. Kennzeichnung der Schale Abb.
255: Monogramm JH (= Josef Hoffmann),
WIENER WERK STÄTTE, Rosenmarke

Fig. 256: Marking of the bowl in Fig. 255:
monogram JH (= Josef Hoffmann), WIENER
WERK STÄTTE, Rose Mark

Abb. 257. Kennzeichnung (unvollständig)
der Vase Abb. 254: Monogramm JH (= Josef
Hoffmann), Rosenmarke

Fig. 257: Marking (incomplete) of the vase in
Fig. 254: monogram JH (= Josef Hoffmann),
Rose Mark

Abb. 258-261. Kennzeichnung des Services Abb. 262: WIENER WERK STÄTTE, Rosenmarke, Monogramm JH (= Josef Hoffmann)

Figs. 258-261: Marking of the service in Fig. 262: WIENER WERK STÄTTE, Rose Mark, monogram JH (= Josef Hoffmann)

Abb. 262. Josef Hoffmann, Teeservice (Werknummern M 1881-1885, M 3546, M 3626, später M se 1/1 – 1/7); kalkuliert 1911-1920 (WWMB 34, S. 1881 ff. bzw. Karteikarte M se 1/1-1/7; Farbabbildung des Samowars in: Neuwirth, WW Avantgarde 1984, Nr. 80, S. 117; Kennzeichnung vgl. Abb. 258-261; Höhe des Samowars: 21,4 cm. – Wiener Privatbesitz

Fig. 262: Josef Hoffmann, tea service (serial numbers M 1881- 1885, M 3546, M 3626, later M se 1/1 – 1/7); calculated 1911-1920 (WWMB 34, p. 1881 et seq. and filing card M se 1/1-1/7; colour illustration of samovar in: Neuwirth, WW Avantgarde 1984, no. 80, p. 117; marking cf. Fig. 258-261; height of samovar: 21.4 cm. – Private collection, Vienna

Abb. 263. Josef Hoffmann, Tintenbehälter; Kupfer, Glaseinsatz;
Höhe 8,2 cm, Länge 10,2 cm. – Wiener Privatbesitz

Fig. 263: Josef Hoffmann, inkstand; copper, glass insert; height
8.2 cm, length 10,2 cm. – Private collection, Vienna

Abb. 264. Kennzeichnung des Tintenbehälters Abb. 263: Rosenmarke, WIENER WERK STÄTTE,
Monogramm JH (= Josef Hoffmann)

Fig. 264: Marking of inkstand in Fig. 263: Rose Mark, WIENER WERK STÄTTE, monogram JH (= Josef Hoffmann)

Abb. 265. Josef Hoffmann, Löschwiege; Kupfer, Holz, Löschpapier; Höhe 8,9 cm, Länge 14,1 cm. – Wiener Privatbesitz

Fig. 265: Josef Hoffmann, blotter; copper, wood, blotting paper; height 8.9 cm, length 14.1 cm. – Private collection, Vienna

Abb. 266. Kennzeichnung der Löschwiege Abb. 265: Rosenmarke, WIENER WERK STÄTTE, Monogramm JH (= Josef Hoffmann)

Fig. 266: Marking of the blotter in Fig. 265: Rose Mark, WIENER WERK STÄTTE, monogram JH (= Josef Hoffmann)

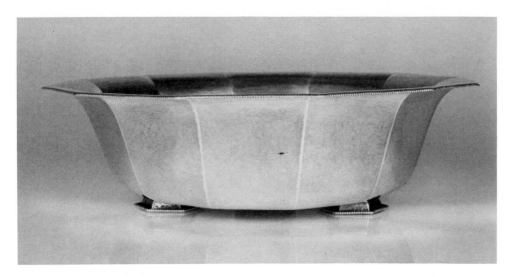

Abb. 267. Josef Hoffmann, Schüssel (Werknummer S 4026); Silber; kalkuliert 1918 (WWMB 19, Nr. 4026); Höhe 6,6 cm, Durchmesser 24 cm. – ÖMAK, Inv. Go 2042

Fig. 267: Josef Hoffmann, bowl (serial number S 4026); silver; calculated 1918 (WWMB 19, no. 4026); height 6.6 cm, diameter 24 cm. – ÖMAK, Inv. Go 2042

Abb. 268. Kennzeichnung der Schüssel Abb. 267: Monogramm JH (= Josef Hoffmann), Rosenmarke, WIENER WERKSTÄTTE, WW-Monogramm, A im Achteck, Dianakopf im Sechseck

Fig. 268: Marking of the bowl in Fig. 267: monogram JH (= Josef Hoffmann), Rose Mark, WIENER WERKSTÄTTE, WW monogram, A in an octagon, Diana's head in a hexagon

ROSENMARKE UND „WIENER WERKSTÄTTE"

Im Gegensatz zum Signet, das die Worte Wiener Werkstätte in einen dreizeiligen Schrift-block einbindet, sind diese Worte, wenn auch eher selten, auf Metallobjekten nebenein-ander angeordnet. Dies traf bereits bei einem Entwurf von Carl Otto Czeschka (Abb. 213, S. 184) zu und begegnet auch bei Hoffmann-Entwürfen (Abb. 12-14, S. 26-27; Abb. 267, 268, S. 224; Abb. 272-276; S. 228-231). Handwerker-Monogramme, die im Ar-beitsprogramm von 1905 nicht vorkommen, verweisen auf eine Entstehung nach diesem Jahr; sie lassen sich nur mühsam und mit größtmöglicher Vorsicht enträtseln. Das JF einer Dose (Abb. 273, S. 228) ist vermutlich mit Johann Fessner zu identifizieren. Die Handwerker-Kennzeichen AB (Abb. 276, S. 231) und KT (Abb. 212, S. 184) konnte ich bisher noch nicht deuten.
Die Kassette von Josef Hoffmann (Abb. 12, S. 26) mit einer Malerei von Carl Krenek (Abb. 14, S. 27) weist eine detaillierte Kennzeichnung (Abb. 13, S. 26) auf. Bezüglich des Auftraggebers liegt die Vermutung nahe, daß es sich um die Arbeiter der Firma Adolf Falkenstein, k.k. Hofdekorationsmaler (Abb. 15, S. 27) handelt – die weibliche Allegorie der Krenekschen Malerei trägt Attribute, die mit einem „Hofdekorationsmaler" wohl in Verbindung gebracht werden könnte.
Dem Innenrahmen einer Ballspende von 1909 (Abb. 269-271; S. 226-227) sind die Worte Wiener Werkstätte eingestanzt.

THE ROSE MARK AND "WIENER WERKSTÄTTE"

In contrast to the signet in which the words Wiener Werkstätte are arranged in a three-lined block, the words WIENER WERKSTÄTTE appear beside one another on metal ob-jects, although rather seldom. This applies to a design by Carl Otto Czeschka (Fig. 213, p. 184) and is also found in Hoffmann's designs (Figs. 12-14, pp. 26-27; Figs. 267, 268, p. 244; Figs. 272-276, pp. 228-231). Craftsmen's monograms not contained in the mani-festo of 1905 indicate manufacture after this year. They can be interpreted only with a great deal of effort and maximum caution. The JF on a box (Fig. 273, p. 228) is probably synonymous with Johann Fessner. I have not so far been able to explain the craftsmen's marks AB (Fig. 276, p. 231) and KT (Fig. 212, p. 184).
The casket by Josef Hoffmann (Fig. 12, p. 26) with a painting by Carl Krenek (Fig. 14, p. 27) has a detailed marking (Fig. 13, p. 26). As far as the client is concerned, it seems probable that it was commissioned by the workmen of the Adolf Falkenstein company, royal and imperial decorators (Fig. 15, p. 27). The female allegory in Krenek's painting has attributes that might well be associated with a "royal decorator".
The words Wiener Werkstätte are punched on the inside frame of the ladies' gift from a ball in 1909 (Figs. 269-271, pp. 226- 227).

Abb. 269. Bezeichnung der Ballspende Abb. 271: WIENER WERKSTÄTTE
(Breite: 4,6 cm)

Fig. 269: Marking of the ladies' ball gift in Fig. 271: WIENER WERK STÄTTE
(width 4.6 cm)

Abb. 270. Innenseite der Ballspende Abb. 271

Fig. 270: Interior of ladies' ball gift in Fig. 271

Abb. 271. Josef Hoffmann, Damenspende für den Concordiaball 1909 (Werknummer M 1110); Messing vergoldet; kalkuliert 23. VI. (ohne Jahresangabe) (WWMB 32, S. 1110); Höhe 14,2 cm, Breite 11,5 cm. – Wiener Privatbesitz

Fig. 271: Josef Hoffmann, ladies' gift for the Concordia Ball in 1909 (serial number M 1110); brass, gold-plated; calculated 23rd June (no year given) (WWMB 32, p. 1110); height 14.2 cm, width 11.5 cm. – Private collection, Vienna

Abb. 272. Josef Hoffmann, Deckeldose, vgl. Abb. 274

Fig. 272. Josef Hoffmann, box, cf. Fig. 274

Abb. 273. Kennzeichnung der Deckeldose Abb. 272: Monogramm JH (= Josef Hoffmann), Monogramm JF im Kreis (= vermutlich Metallarbeiter Johann Fessner, ab 1909 an der WW tätig), WW-Monogramm, WIENER WERKSTÄTTE, Rosenmarke

Fig. 273: Marking of the box in Fig. 272: monogram JH (= Josef Hoffmann), monogram JF in a circle (= probably metal worker Johann Fessner, employed by WW around 1909), WW monogram, WIENER WERKSTÄTTE, Rose Mark

Abb. 274. Josef Hoffmann, Deckeldose (Werknummer M 1561); Messing vergoldet; dasselbe Motiv auf anderen Objekten und aus anderen Materialien: S 1441-1443, S 1537, S 1579, S 1671 (WWMB 33, S. 1441-1443, 1537, 1561, 1579, 1671); M 1561 kalkuliert 1910 (WWMB 33, S. 1561); Höhe 2,4 cm, Durchmesser 5,8 cm. – Wiener Privatbesitz

Fig. 274: Josef Hoffmann, box (serial number M 1561); gold plated brass; the same motif on other objects and of other materials: S 1441-1443, S 1537, S 1579, S 1671 (WWMB 33, p. 1441-1443, 1537, 1561, 1579, 1671); M 1561 calculated 1910 (WWMB 33, p. 1561); height 2.4 cm, diameter 5.8 cm. – Private collection, Vienna

Abb. 275. Josef Hoffmann, Aufsatz (Werknummer unbekannt); Silber; Höhe 7,3 cm, oben 19,8 × 19,6 cm. – Wiener Privatbesitz

Fig. 275: Josef Hoffmann, centre-piece (serial number unknown); silver; height 7.3 cm, top 19.8 × 19.6 cm. – Private collection, Vienna

Abb. 276. Kennzeichnung des Aufsatzes Abb. 275: WIENER WERKSTÄTTE, WW-Monogramm Dianakopf im Sechseck, Monogramm JH (= Josef Hoffmann), Rosenmarke, Monogramm AB im Kreis (ungedeutet)

Fig. 276: Marking of the centre-piece in Fig. 275: WIENER WERKSTÄTTE , WW monogram, Diana's head in a hexagon, monogram JH (= Josef Hoffmann), Rose Mark, monogram AB in a circle (unexplained)

DIE WORTMARKE „WIENER WERKSTÄTTE"

Die Wortmarke WIENER WERKSTÄTTE wurde in rechteckiger Rahmung und einer Anordnung, die die beiden Worte übereinander zeigt, im Jahre 1913 zum Markenschutz angemeldet (Abb. 279, S. 234). Darauf wurde bereits im Kapitel über die Markenregistrierungen eingegangen.

In dieser Form ist die Marke häufig auf Papeterien bzw. auf textilem Material zu finden. Versetzt angeordnet, wiederholt sich diese Bezeichnung in Golddruck (Abb. 277, S. 233) auf durchsichtigem Papier, wobei gegenüber der registrierten Marke der schmälere Buchstabe Ä auffällt, der aber auch einem textilen Etikett entspricht (Abb. 278, S. 233). Daß diese gewebten Etiketten verschiedenen Kleidungsstücken zur Kennzeichnung tatsächlich eingenäht wurden, ist durch eine Bluse (Abb. 281-282, S. 235) dokumentiert.

Jede Seite eines Stoffmuster-Kataloges der Wiener Werkstätte (Abb. 10-11, S. 22-23) ist oben und unten von einer Leiste mit den Worten WIENER WERKSTÄTTE begrenzt.

Stoffkanten waren relativ oft – wenn auch ohne bisher erkennbare Systematik – mit verschiedenen Kennzeichen (Abb. 25-26, S. 38-39) versehen worden: die Worte WIENER WERKSTÄTTE (nebeneinander stehend) kommen ebenso vor wie das WW-Monogramm und in lockerer Folge angebrachte einzelne W.

THE TRADE NAME WIENER WERKSTÄTTE

The trade name WIENER WERKSTÄTTE in a square frame and an arrangement with one word above the other was registered as a trade mark in the year 1913 (Fig. 279, p. 234). This has already been discussed in the chapter on registered trade marks.

The mark is often found in this form on stationery and textiles. We find this mark in a slightly different arrangement in gold printing on transparent paper (Fig. 277, p. 233). The letter Ä is noticeably narrower compared to the registered trade mark, but the same version is also used for a textile label (Fig. 278, p. 233). The fact that these woven labels were actually used to mark various items of clothing is proved by a blouse (Figs. 281, 282, pp. 235).

At the top and bottom of each page of a catalogue of fabric patterns produced by the Wiener Werkstätte (Figs. 10, 11, pp. 22-23) is a border with the words WIENER WERKSTÄTTE. Fairly often the borders of fabrics were decorated with various marks – apparently without any specific system (Figs. 25, 26, pp. 38- 39). The words WIENER WERKSTÄTTE (beside one another) are found, as is the WW monogram and individual W's at random intervals.

Abb. 277. WIENER WERKSTÄTTE, Golddruck auf Transparentpapier; Höhe 1,3 cm, Breite 5 cm. – ÖMAK, Inv. K.I. 13743/17 sowie Archiv WW

Fig. 277: WIENER WERKSTÄTTE, gold print on tracing paper; height 1.3 cm, length 5 cm. – ÖMAK, Inv. K.I. 13743/17 and WW archive

Abb. 278. Gewebtes Stoffetikett mit WIENER WERKSTÄTTE; Höhe 1 cm, Länge 3,9 cm. – ÖMAK, Inv. K.I. 13743/13

Fig. 278: Woven cloth label with WIENER WERKSTÄTTE; height 1 cm, length 3.9 cm. – ÖMAK, Inv. K.I. 13743/13

Abb. 279. Wortmarke WIENER WERKSTÄTTE, Reg.-Nr. Wien 58856. – Wiener Handelskammer, MR Band LXXXII, fol. 19902

Fig. 279: Trade name WIENER WERKSTÄTTE, reg. no. Wien 58856. – Vienna Chamber of Commerce, MR volume LXXXII, fol. 19902

Abb. 280. Wortmarke WIENER WERKSTÄTTE, Reg.-Nr. Wien 93875. – Wiener Handelskammer, MR Band CXXVI, unpag.

Fig. 280: Trade name WIENER WERKSTÄTTE, reg. no. Wien 93875. – Vienna Chamber of Commerce, MR volume CXXVI, unpaged

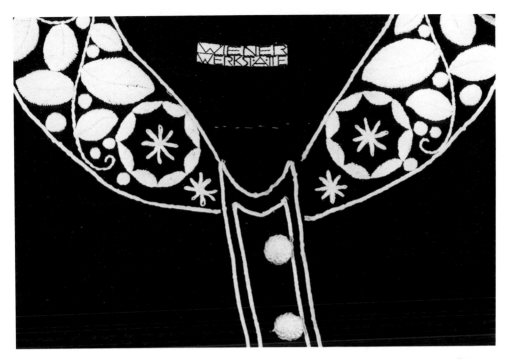

Abb. 281. Detail einer Bluse mit aufgenähtem Etikett mit der Wortmarke WIENER WERKSTÄTTE. –
ÖMAK, Inv. T 10536

Fig. 281: Detail of a blouse with label with the trade name WIENER WERKSTÄTTE sewn in. – ÖMAK,
Inv. T 10536

Abb. 282. Gewebtes Etikett der Bluse Abb. 281

Fig. 282: Fabric label of the blouse in Fig. 281

Abb. 283. Briefpapier der Wiener Werkstätte, 1915. – ÖMAK, Archiv

Fig. 283: Writing paper of the Wiener Werkstätte, 1915. – ÖMAK, archive

ROSENMARKE, WW-MONOGRAMM UND SIGNETS

Verschieden gestaltete Signets, die sowohl das WW-Monogramm als auch die Worte WIENER WERKSTÄTTE enthalten, charakterisieren in Verbindung mit der Rosenmarke vor allem Drucksachen und Werbekarten der Wiener Werkstätte. Die bekannten Gitterobjekte sind solcherart karteimäßig erfaßt worden (Abb. 284, S. 237), Stoffmuster wurden in Verbindung mit diesen Zeichen angeboten (Abb. 285-286; S. 238-239) und Briefköpfe der Wiener Werkstätte gestaltet (Abb. 283, S. 236).
Den Signets der Wiener Werkstätte wird in seinen zahlreichen Varianten ein eigener Band im Rahmen der „Marken und Monogramme der Wiener Werkstätte" gewidmet werden.

THE ROSE MARK, THE WW MONOGRAM AND SIGNETS

Differently designed signets containing both the WW monogram and the words WIENER WERKSTÄTTE in combination with the Rose Mark are found chiefly on printed matter and advertising cards of the Wiener Werkstätte. The familiar latticework objects ware catalogued in this way (Fig. 284, p. 237), fabric patterns were sold in combination with these marks (Figs. 285, 286, pp. 238-239), and they were also used for letter-heads of the Wiener Werkstätte (Fig. 283, p. 236).
A separate volume in the series "The Marks and Monograms of the Wiener Werkstätte" will be devoted to the signets of the Wiener Werkstätte in all their many variations.

Abb. 284. Musterkarte mit dem Blumenkörbchen Werknummer M 552 von Josef Hoffmann; 17 × 8,8 cm. – ÖMAK, Inv. K.I. 13742/4

Fig. 284: Sample card with flower basket, serial number M 552 by Josef Hoffmann; 17 × 8.8 cm. – ÖMAK, Inv. K.I. 13742/4

Abb. 285

BETRIEBSGESELLSCHAFT M. B. H.
DER
WIENER WERKSTÄTTE
WIEN 7
NEUSTIFTGASSE 32

Abb. 286. Karte der Wiener Werkstätte mit Stoffmuster; 10 × 11,7 cm. – ÖMAK, Inv. K.I. 13742/22

Fig. 286: Card of the Wiener Werkstätte with fabric pattern; 10 × 11.7 cm. – ÖMAK, Inv. K.I. 13742/22

Abb. 285. Karte der Wiener Werkstätte mit Stoffmuster; 19,9 × 11,6 cm. – ÖMAK, Inv. K.I. 13742/25

Fig. 285: Card of the Wiener Werkstätte with fabric pattern; 19.9 × 11.6 cm. – ÖMAK, Inv. K.I. 13742/25